直前
1カ月で
受かる

英検®

改訂版

2級の

ワークブック

KADOKAWA

Introduction

英検 2 級合格の「正しい対策」を本書で！

　本書の執筆にあたっては、英検 2 級合格に向けて「正しい対策」を伝えることを常に意識しました。特に、配点の高いライティングや、漠然とした対策しかできないと言われるスピーキングに関しては、どの問題集よりも丁寧に解説することを心がけました。ライティングにもスピーキングにも、高得点を狙える「型」が存在します。この本を書くにあたり、自分自身も再度英検を受け、その「型」が本当に通用するのかを確認しました。だからこそ自信をもって、英検には高得点を狙える「型」があると断言できます。ぜひ、この問題集でその「型」を身につけ、自信をもって試験に臨んでもらえたらと思います。

また、ライティングやスピーキングの解答例には、英検2級の受験者が実際に書くことができたり話すことができたりする解答を載せています。「模範解答が難しすぎて自分では書けない・話せない」というフラストレーションをゼロに近づけたいと思ったからです。

　この問題集を、試験当日に「お守り」代わりに持って行けるくらい使い込んでもらえたらうれしいです。**Good luck!**

Contents

Chapter 1　書　Writing

Chapter 2　話　Speaking

＊本書は2020年10月に小社より刊行された『直前１カ月で受かる 英検２級のワークブック』
を改訂し、再編集したものです。

＊本書の内容は2023年12月時点での情報に基づいています。

本書の特長と使い方

本書では英検2級で実際に出題された過去問題を4つの技能全てにわたって丁寧に解説しています。一問一問を丁寧に解くことで受験の直前1カ月に取り組んでも間に合う内容になっています。早速今日から取り組んでみましょう。

（※）本書の問題部分の（　）には英検の出題年度・回を示しています。

■ ポイント解説

大問ごとに出題と解き方の **Point** を提示。
Point を知ることで、効率よく攻略できます。

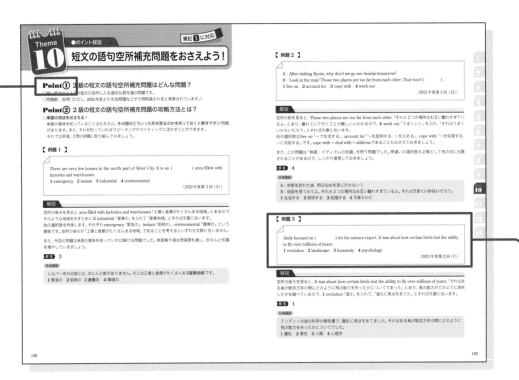

Point を理解した後は実際の問題で演習しましょう。
リスニングとスピーキングには音声も付いています。
ネイティブスピーカーによる本番さながらの
音声で、聞く力も鍛えられます。 ➡

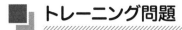

トレーニング問題

実際の過去問題から精選された問題を使って演習しましょう。

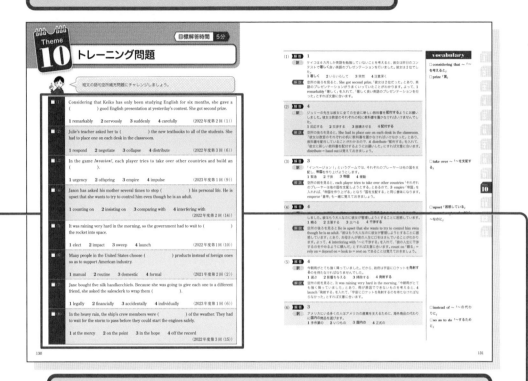

問題形式に慣れるだけでなく、語彙力等、総合的な英語力が身につきます。

音声ダウンロードについて

- リスニングおよびスピーキングの音声ファイルは、以下からダウンロードして聞くことができます。

  https://www.kadokawa.co.jp/product/322306000270

  ID workbook-2　**パスワード** 2kyu-0214

- ダウンロードはパソコンからのみとなります。携帯電話・スマートフォンからはダウンロードできません。
- 音声はmp3形式で保存されています。お聴きいただくにはmp3ファイルを再生できる環境が必要です。
- ダウンロードページへのアクセスがうまくいかない場合は、お使いのブラウザが最新であるかどうかご確認ください。また、ダウンロードする前にパソコンに十分な空き容量があることをご確認ください。
- フォルダは圧縮されていますので、解凍したうえでご利用ください。
- 音声はパソコンでの再生を推奨します。一部ポータブルプレイヤーにデータを転送できない場合もございます。あらかじめご了承ください。
- なお、本サービスは予告なく終了する場合がございます。あらかじめご了承ください。

英検 2 級の問題について (※1)

◎英検 2 級は高校卒業程度の内容が問われます。CEFRではA2〜B1レベル (A2：基礎段階の言語使用者、B1：自立した言語使用者) に該当します。

◎問題に取り組む前に、2 級で問われる内容をおさえておきましょう。

一次試験

技　能	出題内容	問題数	解答形式	試験時間
リーディング	**短文の語句空所補充** 短い英文や 2 人の会話文の空所に入る適切な語句を、文脈に応じて選ぶ問題。	**17問**	●4つの選択肢から選ぶ形式	**85分**
	長文の語句空所補充 長文中の空所に入るのに適切な語句を選ぶ問題。	**6問**		
	長文の内容一致選択 Eメールや説明文などのパッセージの内容に関する質問に対して適切な選択肢を選ぶ問題。	**8問**		
ライティング	**要約** 与えられた文章を45〜55語の英文に要約する問題。	**1問**	●記述式	
	意見論述 与えられたトピックに対して意見とその理由などを英文で記述する問題。	**1問**		
リスニング	**会話の内容一致選択** 2 人の会話を聞き、その内容に関する質問の答えとして、最も適切な選択肢を選ぶ問題。	**15問**	●4つの選択肢から選ぶ形式 ●放送回数は 1 回	**約25分**
	文の内容一致選択 短いパッセージを聞き、その内容に関する質問の答えとして最も適切な選択肢を選ぶ問題。	**15問**		

技　能	出題内容	問題数	解答形式	試験時間
スピーキング	**音読** カードに書かれているパッセージを音読する問題。	1問	●個人面接 ●1人の面接委員に対して答える形式	約**7**分
	パッセージについての質問 音読したパッセージの内容に関する質問に答える問題。	1問		
	イラストについての質問 3コマのイラストの内容・展開について説明する問題。	1問		
	受験者自身の意見など カードに書かれたトピックに関連した事象や意見についての質問に答える問題。	1問		
	受験者自身の意見など 日常生活における一般的な事柄についての質問に答える問題。	1問		

※1：最新情報は、日本英語検定協会のウェブサイト（https://www.eiken.or.jp/）でご確認ください。

※英検S-CBTについて、問題形式や難易度は従来型の英検と同じですが、解答形式が異なります。コンピュータを用いて実施され、スピーキングテストは解答を録音する形式、リーディング・リスニングについてはコンピュータ画面上でマウス操作し解答する形式となります。ライティングは申込手続の際に「筆記型（パソコン画面で問題を読み、解答は解答用紙に手書きで行う）」、「タイピング型（パソコン画面で問題を読み、解答はキーボードで入力する）」のいずれかの解答形式を選択することができます。

英検®について

試験日程

	一次試験	二次試験
第1回	5月下旬〜6月中旬	7月上旬〜7月中旬
第2回	9月下旬〜10月中旬	11月上旬〜11月下旬
第3回	1月中旬〜2月上旬	2月中旬〜3月上旬

※申し込み締め切りは一次試験のおよそ1カ月前です。

申込方法

個人申込の場合

1. インターネット申込
   日本英語検定協会ウェブサイトから申込が可能です。
2. コンビニ申込
   コンビニ店頭の情報端末機から申込が可能です。
3. 特約書店申込
   願書付きのパンフレットを配布している書店で申込が可能です。

団体申込の場合

学校や塾などで団体申込をする場合が多いので、学校や塾の先生にお問い合わせください。

検定料

	1級	準1級	2級	準2級
価格	12,500円	10,500円	9,100円	8,500円

※いずれも本会場での正規検定料となります。なお、こちらに記載しているのは2024年度の検定料です。最新情報は必ず日本英語検定協会のウェブサイトをご確認ください。

※変更される場合もありますので、受験の際は日本英語検定協会のウェブサイトで最新の情報をご確認ください。
※英検S-CBTの申し込みはインターネットからのみとなります。検定料・試験日程は従来型の英検とは異なりますので、必ずウェブサイトでご確認ください。

Chapter

1

Writing

- ● ポイント解説
- ● トレーニング問題

意見論述問題をおさえよう！

Point① 2級の意見論述問題はどんな問題？

○TOPICに対して自分の意見とその理由2つを80〜100語で書く問題。

○問題数：1問

○内容、構成、語彙、文法の4つの観点で、それぞれ4点満点（0〜4点）、合計16点満点で評価されます。

Point② 2級の意見論述問題の攻略方法とは？

○シンプルな単語や文法を使って書く

英検2級のライティングはシンプルな単語や文法を使って書き進めることが大切です。難しい表現を使うよりも、**シンプルで一貫性があり、論理的な英文を書く**ことを意識しましょう。

より詳細な攻略方法を、次の例題を用いて説明していきます。

●以下の**TOPIC**について、あなたの意見とその理由を2つ書きなさい。

●**POINTS**は理由を書く際の参考となる観点を示したものです。ただし、これら以外の観点から理由を書いてもかまいません。

●語数の目安は80語〜100語です。

●解答は、解答用紙のB面にあるライティング解答欄に書きなさい。なお、解答欄の外に書かれたものは採点されません。（※1）

●解答が**TOPIC**に示された問いの答えになっていない場合や、**TOPIC**からずれていると判断された場合は、0点と採点されることがあります。**TOPIC**の内容をよく読んでから答えてください。

TOPIC

It is sometimes said that all people should be able to enter museums for free. Do you agree with this opinion?

（全ての人が博物館に無料で入ることができるべきだと言われることがあります。あなたはこの意見に賛成ですか。（※2））

POINTS

● *Donations*（寄付）

● *Learning environment*（学習環境）

● *Maintenance*（メンテナンス）

（2021年度第2回）

（※1：本書には解答用紙は付属していません。）

（※2：実際の問題では **TOPIC** **POINTS** の和訳は含まれません。）

Theme
1

Theme
2

Theme
3

Theme
4

Theme
5

Theme
6

Theme
7

Theme
8

Theme
9

Theme
10

Theme
11

Theme
12

Theme
13

1. TOPICを理解する

まずはTOPICをきちんと理解し、どのような意見を述べなければならないかを決めましょう。今回のTOPICは、

> **It is sometimes said that all people should be able to enter museums for free. Do you agree with this opinion?**
> （全ての人が博物館に無料で入ることができるべきだと言われることがあります。あなたはこの意見に賛成ですか。）

です。

まずはTOPICを正しく理解しましょう。

ここでは、「全ての人が博物館に無料で入ることができるべきだ」という意見に対して「賛成」、または「反対」の立場で論じることが求められているので、そのどちらかの論点で英文を展開させていかなければなりません。

2. POINTSからTOPICに対する立場を決める

TOPICを理解した後は、POINTSに目を通します。例題には、

● Donations（寄付）
● Learning environment（学習環境）
● Maintenance（メンテナンス）

の3つが与えられています。

英検2級の意見論述問題では意見とその**理由を2つ書く**ことが求められていますが、**理由に関しては、与えられているPOINTSを使って書くのが一番簡単**だと思います。それを見ながら、「全ての人が博物館に無料で入ることができるべき」か「そうではない」のか、立場を決めていきます。必ずしもPOINTSを用いる必要はありませんが、**POINTSを使って書きやすそうな立場で書く**ことが、与えられた時間内で英作文を仕上げるコツです。立場を決める際は、賛成・反対どちらか一方の立場に絞って書きましょう。両方の立場を混ぜて書いてはいけません。

ですので、この段階で、どんな理由で書き進めるか、ある程度アイディア出しをしましょう。
例えば、

Learning environment（学習環境）→「多くの人にとって学習の機会が増える」
Donations（寄付）→「博物館は寄付で運営されるべき」

というようなアイディアを出していきましょう。

アイディアを出すときのコツは、あまり高尚なものにしないことです。時間と文字数が限られているので、高尚で極めて濃い内容のエッセイを書くことは難しいです。ですので、**アイディア出しは小学生や中学生でも思いつくようなシンプルな内容でOK**です。

3. 意見論述問題の型を理解する

POINTSからアイディアを出し、TOPICに対する立場を決めたら書き始めますが、**一貫性があり論理的な英文を書くためには、「型」を利用することが最も効果的**です。型に従って英文を書くことで、論理的に書き進めることができ、高得点を狙うことができます。英検2級の基本的な型は、次の7つで構成されます。

英検2級の意見論述問題の型

① 意見（TOPICに対する自分の立場）

② 定型文（理由が2つあると明示する）

③ 理由1（First, で書き始める）

④ 理由1のサポート文（理由1に関する具体例や、理由1を掘り下げた文）

⑤ 理由2（Second, で書き始める）

⑥ 理由2のサポート文（理由2に関する具体例や、理由2を掘り下げた文）

⑦ まとめ（Therefore,（それゆえ）などで書き始めて、エッセイをまとめる文）

上記の③④、⑤⑥はセットとなりますので、この2つはきちんと関連性のある内容にしましょう。

では、この型を今回扱う設問に当てはめ、1つずつ細かく見ていきます。

賛成の立場で書く場合

Learning environmentとDonationsを使い、「全ての人が博物館に無料で入ることができるべき」という立場で書いていきたいと思います。

①意見　与えられたTOPICに対して自分の立場を示す

ここでは、TOPICに対して賛成か反対かを明示します。その際、

（賛成）⇒　**I think that ～. / I agree with the opinion that ～.**

（反対）⇒　**I don't think that ～. / I disagree with the opinion that ～.**

で書き始め、「～」の部分にはTOPICの一部をそのまま続けます。今回のTOPICであれば以下のようになります。

（賛成）

I think that all people should be able to enter museums for free.

I agree with the opinion that all people should be able to enter museums for free.

（反対）

I don't think that all people should be able to enter museums for free.

I disagree with the opinion that all people should be able to enter museums for free.

下線部が、与えられたTOPICの一部をそのまま利用している箇所です。これで①は完成です。

①では必ず、賛成、反対のどちらか一方だけの立場で意見を述べてください。

ここでは「全ての人が博物館に無料で入ることができるべき」に賛成の立場ですので、

①**I think that all people should be able to enter museums for free.**

（私は、全ての人が博物館に無料で入ることができるべきだと思います。）

が意見となります。

②定型文　理由が２つあると明示する

ここでは、自分の意見をサポートする理由が２つあることを明示します。

> **②I have two reasons to support my opinion.**
> （私には、この考えを支持する理由が２つあります。）

という決まった表現をそのまま使うと良いでしょう。

③④理由１とサポート文　意見を支える理由と、その理由を掘り下げたサポート文

③と④はセットですので一緒に見ていきましょう。

③では、「全ての人が博物館に無料で入ることができるべきと考える理由」の１つ目を書きます。「全ての人が博物館に無料で入ることができるべきと考えるのは、～だから」の「～」に当たる部分を書きましょう。理由の観点は、POINTSで与えられた Learning environment（学習環境）を使って考えます。

学習環境というと、「子どもや10代の若者など、お金を稼げない人々にも有益である」といった状況などを思いつきやすいでしょう。ですが、このように**あまりにも具体的な内容を③に書いてしまうと、その後の展開が難しくなってしまいます。**
英文は普通「抽象→具体」へと展開するので、③→④と展開する際に「抽象→具体」とするのが自然です。

　③抽象的な内容→④具体的な内容

という流れを意識し、③は一般化された、抽象的な内容を書きましょう。
今回の場合であれば、「子どもや10代の若者など、お金を稼げない人々にも有益である」という状況は、「（博物館という）同じ学習環境をより多くの人が享受できる」と言えますよね。
「（博物館という）同じ学習環境をより多くの人が享受できる」という内容を③にして、
　より多くの人の具体例を④に持ってくると論理的な展開になります。

したがって、

> ③　同じ学習環境をより多くの人が享受できる（抽象）
> 　　　　　↓
> ④　（このことは）子どもや10代の若者など、お金を稼げない人々にも有益である（具体）

としましょう。では③、④を英語にしていきましょう。

③　同じ学習環境をより多くの人が享受できる

「～を享受する」はenjoyで表すことができます。「同じ～」は the same ～ と表現します。same を使うときには必ず the を伴い、the same となるので注意しましょう。以上を組み合わせ、１つ目の理由なので First, で文を始めて、

> **③First, if museums are free, more people can enjoy the same learning environment.**
> （まず、もし博物館が無料であれば、より多くの人々が同じ学習環境を享受できます。）

としましょう。Firstの直後には忘れずにカンマ (,) を入れましょう。

④　（このことは）特に、子どもや10代の若者など、お金を稼げない人々にとって有益です

「子どもや10代の若者など、お金を稼げない人々」の部分は、「お金を稼げない人々」→「例えば子どもや10代

の若者のような」という順序で作っていきましょう。「〜な人々」は those who 〜、「〜を稼ぐ」は earn という動詞を使います。those who don't earn money で「お金を稼げない人々」となります。そして、「例えば〜のような」と直前の名詞に説明を加えたい場合は such as を使います。次のように説明を加えてみましょう。

> those who don't earn money（お金を稼げない人々）
> ↓
> those who don't earn money, such as kids and teenagers
> （子どもや10代の若者など、お金を稼げない人々）

「有益な」は benefit（利益）を形容詞の形にした beneficial を使います。「特に」especially はなくても構いませんが、使用することでその部分の情報が具体例であることがより明確になります。

> ④**This is especially beneficial for those who don't earn money, such as kids and teenagers.**
> （このことは特に、子どもや10代の若者など、お金を稼げない人々にとって有益です。）

⑤⑥理由2とサポート文　③④と同じ作業を繰り返す

⑤⑥は③④と同じ作業を繰り返します。

「全ての人が博物館に無料で入ることができるべきと考えるのは、〜だから」の「〜」に当たる部分を、POINTS で与えられた Donations（寄付）の観点を使って書いてみましょう。

博物館が無料であるべきという意見と Donations をどのように結びつけるかですが、Donations から「寄付で運営されるべき」と考えてみましょう。

　　　「博物館は入場料からではなく、寄付で運営されるべき」

と書いてみます。

「寄付で運営されるべき」というのは抽象的な内容なので、この内容を⑤とします。⑥には**さらに具体的な内容**を書くので、博物館が得る寄付は誰が払うのか、という点を考えてみましょう。ここでは、「寄付は、博物館の活動の重要性を理解する人たちが払う」というのが良いと思います。

> ⑤ 博物館は寄付で運営されるべき（抽象）
> ↓
> ⑥ 寄付は、博物館の重要性を理解する人たちが払う（具体）

という流れです。では⑤から英語にしていきましょう。

「〜を運営する」は **manage** を使います。museums should be managed（運営されるべき）としましょう。その後ろに **with donations**（寄付で）、そして **not entrance fees**（入場料ではなく）、と続けていきます。

2つ目の理由なので **Second,** で文を始めると、

> ⑤**Second, museums should be managed with donations, not entrance fees.**
> （次に、博物館は入場料ではなく、寄付で運営されるべきです。）

となります。Second の直後にも必ずカンマ (,) を入れましょう。

次に⑥の「寄付は、博物館の活動の重要性を理解する人たちが払う」という内容を書きましょう。この内容を「博物館の重要性を理解し、金銭的な援助をしたい人々がたくさんいるに違いありません」と言い換えて考えると、書きやすいです。

There must be 〜（〜がいるはず）で始めて、be の後ろには**many people who understand the importance of museums**（博物館の重要性を理解するたくさんの人）と続けます。**the importance of 〜**は「〜の重要性」という意味です。

次に「博物館に金銭的な援助をしたいと思っている」の部分を考えていきます。「金銭的な援助をする」は「金銭的な支援を提供する」と考え**provide financial support**とします。「〜したいと思っている」は**would like to *do***を使いましょう。

これらを合わせて、次のように書きます。

> ⑥**There must be many people who understand the importance of museums and would like to provide financial support for them.**
> （博物館の重要性を理解し、金銭的な援助をしたい人々がたくさんいるに違いありません。）

これで①〜⑥が完成しました。残すは⑦の「まとめ」です。

⑦まとめ

ここでは、再度自分の意見を書きます。つまり、①の意見と、⑦のまとめは**同じ内容**にしなければなりません。ですので、まとめを書く前にもう一度①の意見を確認しましょう。①は、

I think that all people should be able to enter museums for free.

でした。まとめはこれと同じ内容にします。ただし、1 点注意が必要です。
①と内容は同じですが、**①と同じ英語表現を繰り返し用いることは避けましょう**。⑦は①と同じ内容を別の表現を使って書きます。そうすることで、自身が適切なボキャブラリーの幅を持っているということを採点者にアピールすることができます。①と同じ表現を繰り返してしまうと、語彙が乏しいと思われ、あまり良い印象は持たれません。
そこで、①「全ての人が博物館に無料で入ることができるべき」を、「博物館は全ての人にとって無料であるべき」と言い換えればよいでしょう。「無料であるべき」は should be free です。よって、⑦のまとめは、文頭をTherefore,（それゆえ）で始めて、

> ⑦**Therefore, I think that museums should be free for all people.**
> （それゆえ、博物館は全ての人にとって無料であるべきだと思います。）

とします。Therefore の直後にもカンマ (,) を入れましょう。
それでは最後に、①〜⑦を合わせた解答例を見ていきましょう。

【 解答例 】

I think that all people should be able to enter museums for free. I have two reasons to support my opinion. First, if museums are free, more people can enjoy the same learning environment. This is especially beneficial for those who don't earn money, such as kids and teenagers. Second, museums should be managed with donations, not entrance fees. There must be many people who understand the importance of museums and would like to provide financial support for them. Therefore, I think that museums should be free for all people.

(90 words)

私は、全ての人が博物館に無料で入ることができるべきだと思います。私には、この考えを支持する理由が２つあります。まず、もし博物館が無料であれば、より多くの人々が同じ学習環境を享受できます。このことは特に、子どもや10代の若者など、お金を稼げない人々にとって有益です。次に、博物館は入場料ではなく、寄付で運営されるべきです。博物館の重要性を理解し、金銭的な援助をしたい人々がたくさんいるに違いありません。それゆえ、博物館は全ての人にとって無料であるべきだと思います。

反対の立場で書く場合

ここでは、「全ての人が博物館に無料で入ることができるべきではない」という立場で書き進めていきましょう。

①意見

反対の立場の場合はI don't think that 〜. や、I disagree with the opinion that 〜. で書き始めます。TOPICの一部を利用して以下のようにします。

> ①I don't think that all people should be able to enter museums for free.
> （私は、全ての人が博物館に無料で入ることができるべきだとは思いません。）
> もしくは
> I disagree with the opinion that all people should be able to enter museums for free.
> （私は、全ての人が博物館に無料で入ることができるべきだという考えに反対です。）

②定型文

この定型文は、賛成の立場でも反対の立場でも同じです。

> ②I have two reasons to support my opinion.
> （私には、この考えを支持する理由が２つあります。）

③④理由１とサポート文

③と④はセットですので一緒に見ていきます。

ここでは「全ての人が博物館に無料で入ることができるべきだとは思わない」と考える理由について、POINTSを使いながら書いていきます。

１つ目の理由は Maintenance（メンテナンス）を使って、「メンテナンスにお金がかかる」と書きましょう。そこから、サポート文では、「入場料を導入することで、展示品を良好な状態に保つことができる」と書きます。

> ③First, museums have to spend a lot of money for the maintenance of their displays.
> （まず、博物館は展示品のメンテナンスに多くのお金を費やさなければいけません。）
>
> ④By introducing entrance fees, they can keep them in good condition.
> （入場料を導入することで、展示品を良好な状態に保つことができます。）

④のintroduce entrance feesは「入場料を導入する」です。「〜を良好な状態に保つ」は、**keep 〜 in good condition** とします。

⑤⑥理由2とサポート文

反対の理由の2つ目は、Learning environment（学習環境）を使って書いてみましょう。これは賛成の立場でも使用したPOINTですが、同じPOINTでも柔軟に考えることで、賛成だけでなく反対の立場でも書くことができます。賛成の立場では、「同じ学習環境をより多くの人に提供できる」という理由と「お金を稼ぐことができない子どもや10代の若者たち」の具体例を書きましたね。今回は、使うPOINTは同じですが、別の視点で書いてみたいと思います。

理由としては「来場者に入場料を請求することにより、良い学習環境を提供できる」としてみましょう。「良い学習環境を提供できる」の部分の書き方は、賛成のときに書いたthe same learning environment（同じ学習環境）のthe sameをgoodに変えるだけです。良い学習環境には、さまざまな具体例が想定されるので、environmentsと複数形にすると良いでしょう。「来場者に入場料を請求することにより」は、**by *do*ing（〜することによって）** を使用します。この*do*ingの部分をcharging their visitors（それら（博物館）の来場者に請求すること）という動名詞のカタマリにすると、by charging their visitors（博物館の来場者に請求することによって）というフレーズが完成します。

⑤は2つ目の理由ということでSecond,で始め、

Second, museums can provide good learning environments by charging their visitors.

としましょう。

次にサポート文ですが、ここでは⑤で登場したgood learning environmentsにはどのようなものがあるのか、という点を具体的に説明できると説得力が高まります。ここでは、「作品を詳しく説明するガイドを雇うことができます」と書いてみましょう。

「作品」はworksという名詞を使います。「〜を雇う」はhire、「詳しく」はin detailです。

They can hire guides who explain the works in detail.
（作品を詳しく説明するガイドを雇うことができる。）

という文ができ上がります。⑥は⑤の具体例なので、⑥はFor example,で始め以下のようにします。

⑤**Second, museums can provide good learning environments by charging their visitors.**
（次に、来場者に入場料を請求することで、博物館は良い学習環境を提供することができます。）

⑥**For example, they can hire guides who explain the works in detail.**
（例えば、作品を詳しく説明するガイドを雇うことができます。）

Key

1つ目の理由はFirst、2つ目の理由はSecond、最後のまとめはThereforeで文を始めると、読み手（採点者）はスムーズに読み進められます。忘れずに書くようにしましょう。

意見論述の最後はまとめになります。まとめは①の意見と同じ内容を別の表現で表すことが大切です。

①はI don't think that all people should be able to enter museums for free. でしたので、これと同じ内容を別の表現で表しましょう。ここでは「全ての人が博物館に無料で入ることができるべきではない」という立場ですので、

> 「全ての人が博物館に無料で入ることができるべきではない」
> →「博物館は全ての人にとって無料であるべきではない」

と言い換えてみましょう。

> ⑦**Therefore, I don't think museums should be free for all people.**
> （それゆえ、私は博物館は全ての人にとって無料であるべきではないと思います。）

となります。

これで①〜⑦の型に沿って英文を書くことができました。最後に全ての英文をつなげます。

【 解答例 】

I don't think that all people should be able to enter museums for free. I have two reasons to support my opinion. First, museums have to spend a lot of money for the maintenance of their displays. By introducing entrance fees, they can keep them in good condition. Second, museums can provide good learning environments by charging their visitors. For example, they can hire guides who explain the works in detail. Therefore, I don't think museums should be free for all people.

(82 words)

日本語訳

私は、全ての人が博物館に無料で入ることができるべきだとは思いません。私には、この考えを支持する理由が2つあります。まず、博物館は展示品のメンテナンスに多くのお金を費やさなければいけません。入場料を導入することで、展示品を良好な状態に保つことができます。次に、来場者に入場料を請求することで、博物館は良い学習環境を提供することができます。例えば、作品を詳しく説明するガイドを雇うことができます。それゆえ、私は博物館は全ての人にとって無料であるべきではないと思います。

Tips

意見論述問題の練習をするときは、両方の立場で書きましょう。理由を考える訓練になるのでおすすめです。ただし、1つの英作文の中に2つの異なる立場を入れてはいけません。立場を1つに絞って書きましょう。また、意見、2つの理由、まとめを①〜⑦の型に入れていくことでしっかりと点が取れる英作文になるので、型に沿って書きましょう。

便利な表現

● First, （1つ目は〜） ● Second, （2つ目は〜） ● Therefore, （それゆえ〜）

トレーニング問題

目標解答時間 各15分

Theme
1

Theme
2

Theme
3

Theme
4

Theme
5

Theme
6

Theme
7

Theme
8

Theme
9

Theme
10

Theme
11

Theme
12

Theme
13

ここから4問のトレーニング問題にチャレンジしてみましょう。

まずはmemo欄に自分で解答を書き、そのあとで解説の内容と比べてみましょう。

1つの立場で書き終わったら同じ目標解答時間で、もう一方の立場でも書くようにしましょう。

トレーニング問題1

- 以下の**TOPIC**について、あなたの意見とその理由を2つ書きなさい。
- **POINTS**は理由を書く際の参考となる観点を示したものです。ただし、これら以外の観点から理由を書いてもかまいません。
- 語数の目安は80語〜100語です。
- 解答は、解答用紙のB面にあるライティング解答欄に書きなさい。なお、解答欄の外に書かれたものは採点されません。（※1）
- 解答が**TOPIC**に示された問いの答えになっていない場合や、**TOPIC**からずれていると判断された場合は、0点と採点されることがあります。**TOPIC**の内容をよく読んでから答えてください。

▶ TOPIC

Some people say that it is necessary for people to go to important historical sites in order to understand history better. Do you agree with this opinion?

▶ POINTS

- *Experience*
- *Motivation*
- *Technology*

（2022年度第1回）

（※1：本書には解答用紙は付属していません。）

memo

まずはTOPICをしっかり理解することから始めましょう。今回のTOPICは、

> It is necessary for people to go to important historical sites in order to understand history better.
> （歴史をより良く理解するために人々が重要な史跡に行くことが必要である。）

ここで注意ですが、TOPICは「歴史をより良く理解するために」なので、「歴史を学ぶために」という観点にとどまって意見を述べないようにしましょう。

次は、与えられたPOINTSを見て、重要な史跡に行くのは「必要」か「不要」のどちらの方が書きやすそうかを判断しましょう。今回のPOINTSは

- ●Experience（経験）
- ●Motivation（意欲）
- ●Technology（科学技術）

です。これらの観点から、重要な史跡に行くのは「必要」か「不要」のどちらの方が書きやすそうかのアイディアを出しましょう。

賛成の立場で書く場合

まずは「歴史をより良く理解するために人々が重要な史跡へ行くのは必要」という立場です。14ページの①～⑦の型に従って書き進めていきましょう。

①意見

ここではTOPICの英文を利用して自分の立場を明示します。

> I think that it is necessary for people to go to important historical sites in order to understand history better.

と書けばOKです。下線部はTOPICで与えられた英文をそのまま使っています。

②定型文

理由が2つあることを定型文で示します。

> I have two reasons to support my opinion.

③④理由1とサポート文

POINTSを利用しながら、理由とそれに関するサポート文を書きます。「歴史をより良く理解するために人々が重要な史跡に行くのは必要」という意見に対する理由の1つ目としては、POINTSにあるExperience（経験）を使って、「本を通してよりも、経験を通しての方が多くのことを学べる」と書いてみましょう。内容に合うできる限りシンプルな単語や表現を使います。
冒頭にFirst,をつけて、次のようにします。

> First, they can learn more through experience than through books.

次に④のサポート文ですが、③の内容と関連していなければなりません。③に関する具体例や、③を掘り下げた内容を書きます。ここでは③の内容に対する具体例を挙げて、「古代の建造物の近くに立つと、ただ写真を見るだけよりも明確にその偉大さを実感できる」と続けましょう。その際、

> 「～の近くに」 close to ～
> 「Aが～するのを可能にする」 allow A to *do*
> 「～を実感する」 realize

といった表現を思いつけると良いでしょう。この文の冒頭には、

> 「例えば」 for example

という表現を使いますが、③の英文に対して具体例を述べる際には、読み手に伝わりやすいようにこういった接続表現を入れるようにしましょう。④の英文は、

> **For example, standing close to ancient buildings allows us to realize how great they are more clearly than simply looking at pictures.**

となります。③と④をつなげてこの部分は完成です。

⑤⑥理由２とサポート文

次は、⑤⑥ですが、これは③④と同じプロセスを別のPOINTSを使いながら書きます。ここではMotivation（意欲）から「歴史をより良く理解するために人々が重要な史跡に行くのは必要」である理由を書いてみます。

> 史跡は歴史についてもっと学ぶ意欲を人々に与えてくれる
> ↓
> このことが、過去の出来事をより詳しく理解するのに役立つ

と書いていきます。⑤に関しては、

> 「AにBを与える、提供する」 provide A with B
> 「～する意欲」 motivation to *do*

というような表現を使い、２つ目の理由なのでSecond, で始めて、次のようにします。

> **Second, historical sites provide people with motivation to learn more about history.**

次に⑥には、⑤の内容を掘り下げた内容を書いていきましょう。ここでは、⑤の内容を受けて、「このことが、過去の出来事をより詳しく理解するのに役立つ」と続けましょう。

> **This will help them to understand past events in more detail.**

前文の内容をThisのような指示語で受けると、前文とのつながりが強くなるのでおすすめです。
⑤、⑥をつなげてこの部分は完成です。

Theme 1
Theme 2
Theme 3
Theme 4
Theme 5
Theme 6
Theme 7
Theme 8
Theme 9
Theme 10
Theme 11
Theme 12
Theme 13

⑦のまとめは①と同じ内容を別の表現で言い表します。①の英文を確認しておくと、

> **I think that it is necessary for people to go to important historical sites in order to understand history better.**

でした。そこで、

> ・**it is necessary for people to** *do*（人々が〜することが必要だ）
>   → **people should** *do*（人々は〜すべきだ）
> ・**go to 〜**（〜に行く）→ **visit**（〜を訪れる）
> ・**understand history better**（歴史をより良く理解する）
>   → **know more about history**（歴史についてより多くのことを知る）

と言い換えましょう。文頭には「まとめ」を表すTherefore,を置きます。

> **Therefore, I think that people should visit historical sites to know more about history.**

【 解答例 】

I think that it is necessary for people to go to important historical sites in order to understand history better. I have two reasons to support my opinion. First, they can learn more through experience than through books. For example, standing close to ancient buildings allows us to realize how great they are more clearly than simply looking at pictures. Second, historical sites provide people with motivation to learn more about history. This will help them to understand past events in more detail. Therefore, I think that people should visit historical sites to know more about history.

(97 words)

日本語訳

私は、歴史をより良く理解するためには、人々が重要な史跡に行くことが必要であると思います。私の意見を支持する理由は2つあります。第一に、人々は本から学ぶよりも、経験を通じてより多くを学ぶことができます。例えば、古代の建築物に近づいて立つことは、ただ写真を見るだけよりもその偉大さをはっきりと実感するのを可能にします。第二に、歴史的な場所は人々に歴史についてさらに学びたいという意欲を与えてくれます。これは、彼らが過去の出来事をより詳しく理解するのに役立ちます。したがって、私は人々が歴史についてより多くのことを知るために、史跡を訪れるべきだと思います。

vocabulary

□ **necessary**「必要である」

□ **in order to** *do*「〜するために」

□ **close to 〜**「〜の近くに」

□ **realize**「〜を実感する」

□ **motivation to** *do*「〜する意欲」

□ **in more detail**「より詳細に」

□ **historical site**「史跡、歴史的に重要な場所」

□ **through experience**「経験を通して」

□ **allow** *A* **to** *do*「Aが〜するのを可能にする」

□ **provide** *A* **with** *B*「AにBを与える、提供する」

□ **help** *A* **to** *do*「Aが〜するのに役立つ」

Theme
1

Theme
2

Theme
3

Theme
4

Theme
5

Theme
6

Theme
7

Theme
8

Theme
9

Theme
10

Theme
11

Theme
12

Theme
13

反対の立場で書く場合

①意見

I don't think で始め、TOPIC の一部を利用します。下線部は TOPIC と同じ表現です。

> **I don't think that** <u>it is necessary for people to go to important historical sites in order to understand history better.</u>

②定型文

理由が2つあることを定型文で示します。

> **I have two reasons to support my opinion.**

③④理由1とサポート文

POINTS の Technology（科学技術）を使って、「新しい科学技術は彼らが歴史についてより深い知識を得るのを助ける」と書きます。
冒頭に First, をつけて、

> **First, new technologies will help them to gain deeper knowledge of history.**

とします。

理由1のサポート文ですが、前の文の内容に対する具体例を挙げて、「最新の科学技術は、もはや存在しない歴史的建造物の画像を見せることができる」と続けましょう。その際、

> 「最新の～」　　the latest ～
> 「もはや～ない」　no longer ～

といった表現を使いましょう。この文の冒頭には、

> 「例えば」　for example

という具体例を導く表現を使いましょう。したがって、④の英文は、

> **For example, the latest technologies can show us images of historical buildings that no longer exist.**

となります。③と④をつなげてこの部分は完成です。

⑤⑥理由2とサポート文

理由の2つ目は POINTS の Motivation（意欲）を使って、⑤では「歴史を学ぶために史跡を訪れる十分な意欲がない人もいる」と書いてみましょう。
2つ目の理由なので Second, で始めると、

> **Second, some people don't have enough motivation to visit historical places in order to learn about history.**

となります。

理由2のサポート文ですが、⑤の内容を受けて、「彼らはそのような場所を訪れることを時間とお金のむだとみなすかもしれない」と掘り下げましょう。regard *A* as *B*「AをBとみなす」、a waste of 〜「〜のむだ」などの表現を使いましょう。

> **They may regard visiting such places as a waste of time and money.**

前文で登場した名詞をsuchを使って受けて、前文とのつながりを強くしましょう。

⑦まとめ

⑦のまとめは①と同じ内容を別の表現で表します。①の英文は、

> I don't think that it is necessary for people to go to important historical sites in order to understand history better.

でした。

> **go to（行く）** → **visiting（〜を訪れる）**
> **understand history（歴史を理解する）** → **history education（歴史教育）**

と言い換えましょう。

> **Therefore, I don't think that visiting historical sites is necessary for history education.**

【 解答例 】

I don't think that it is necessary for people to go to important historical sites in order to understand history better. I have two reasons to support my opinion. First, new technologies will help them to gain deeper knowledge of history. For example, the latest technologies can show us images of historical buildings that no longer exist. Second, some people don't have enough motivation to visit historical places in order to learn about history. They may regard visiting such places as a waste of time and money. Therefore, I don't think that visiting historical sites is necessary for history education.

(100 words)

日本語訳

私は、歴史をより良く理解するためには、人々が重要な史跡に行くことが必要ではないと思います。私の意見を支持する理由は2つあります。第一に、新しい科学技術は彼らが歴史についてより深い知識を得るのを助けるでしょう。例えば、最新の科学技術は、もう存在しない歴史的建造物の画像を見せてくれます。第二に、歴史を学ぶために史跡を訪れる十分な意欲がない人もいます。彼らはそのような場所を訪れることを時間とお金のむだとみなすかもしれません。したがって、私は歴史教育のために史跡を訪れる必要はないと思います。

Theme 2
Theme 3
Theme 4
Theme 5
Theme 6
Theme 7
Theme 8
Theme 9
Theme 10
Theme 11
Theme 12
Theme 13

vocabulary

□ **the latest ~**「最新の～」

□ **exist**「存在する」

□ **a waste of ~**「～のむだ」

□ **no longer ~**「もはや～ない」

□ **regard *A* as *B***「AをBとみなす」

●以下の**TOPIC**について、あなたの意見とその理由を2つ書きなさい。
●**POINTS**は理由を書く際の参考となる観点を示したものです。ただし、これら以外の観点から理由を書いてもかまいません。
●語数の目安は80語〜100語です。
●解答は、解答用紙のB面にあるライティング解答欄に書きなさい。なお、解答欄の外に書かれたものは採点されません。（※1）
●解答が**TOPIC**に示された問いの答えになっていない場合や、**TOPIC**からずれていると判断された場合は、0点と採点されることがあります。**TOPIC**の内容をよく読んでから答えてください。

TOPIC

Today in Japan, many buildings and public areas have a lot of lights for decoration, such as the lights used during Christmas. Do you think this is a good idea?

POINTS
● *Safety*
● *The environment*
● *Tourism*

（2021年度第3回）

（※1：本書には解答用紙は付属していません。）

memo

解説

TOPICは

> Today in Japan, many buildings and public areas have a lot of lights for decoration, such as the lights used during Christmas. Do you think this is a good idea?
> （今日日本では、多くの建物や公共の場所に、クリスマスの間に使われるライトのような装飾用のライトがたくさんあります。あなたはこのことは良い考えだと思いますか。）

という内容ですので、意見は「良い考え」、「良い考えではない」のどちらかになります。

良い考えという立場で書く場合

①意見

意見はTOPICの一部を利用して書きます。注意が必要なのは、Do you think this is a good idea?と聞かれた場合、

    I think that <u>this is a good idea</u>.

と答えてしまうと、**this**が何を指しているのかわかりません。この場合 I think that <u>it is a good idea that ～</u>（～なのは良い考えだと思う）という形で、**何が良い考えなのかを明確にする必要があります**。～の部分には、TOPICの1文目の内容 many buildings and public areas have a lot of lights for decoration を入れます。

> I think that it is a good idea that **many buildings and public areas have a lot of lights for decoration**.

これで意見文は完成です。

②定型文

理由が2つあることを示す定型文を書きます。

> **I have two reasons to support my opinion.**

③④理由1とサポート文

「多くの建物や公共の場所に、装飾用のライトがたくさんあることが良い考えである」理由について、POINTSで与えられている観点を利用しながら書きます。1つ目は Safety（安全性）を使って、「これらのライトは治安を向上させる」とします。「～を向上させる」は**improve**を用います。③はFirst, で始めて、次のように書きましょう。

> **First, these lights improve public safety.**

these lights（これらのライト）は、意見文で述べた lights for decoration を指しています。
同じ語句の繰り返しを避けるためには、代名詞や指示語の（**this / these / that / those / such**）などを使

います。これで③の英文は完成です。

> **First, these lights improve public safety.**

次に④のサポート文ですが、③の内容と関連していなければなりません。③に関する具体例や、③を掘り下げた内容を書きます。ここでは③の内容を受けて、「ライトにより夜でも街が十分に明るいと、犯罪が起こる可能性は減るだろう」と続けましょう。

when「〜するとき」を使って文を始めていきます。
「十分明るい」はbright enough、**「犯罪」はcrime**です。**「起こる可能性は減る」**の部分は、*be* likely to *do*（〜する可能性がある、〜するようだ）に less（より〜ない）を加えて、***be* less likely to *do***と表現できます。したがって、④の英文は

> **When towns are bright enough with the lights at night, crimes are less likely to happen.**

となります。③と④をつなげてこの部分は完成です。

⑤⑥理由２とサポート文

次は、⑤⑥ですが、これは③④と同じプロセスを別のPOINTを使いながら書きます。ここではTourism（観光事業）から「多くの建物や公共の場所に、装飾用のライトがたくさんあることが良い考えである」理由を書いてみます。「観光業が促進される（抽象）」→「たくさんのライトがある場所は海外の旅行客を惹きつける傾向にある（具体）」という展開にします。

「観光業が促進される」は「そのようなライトが観光事業を促進する」と考えます。

２つ目の理由なのでSecond,で英文を始めます。

> **Second, such lights will promote tourism.**

such lightsは意見文のlights for decorationを指しています。
理由２を表す⑤では「そのようなライトが観光事業を促進する」と述べているので、サポート文ではそれを受けて、「たくさんのライトがある場所は海外の旅行客を惹きつける傾向にある」と具体的に説明します。
「〜する傾向にある」はtend to *do*を使います。この表現は、断言を避けることができるのでオススメです。
⑤とのつながりが良くなるように、文頭はIn fact,で書き始めましょう。

> **In fact, places with a lot of lights tend to attract more tourists from other countries.**

In fact以降の英語ですが、

> **more tourists from other countries tend to be attracted to places with a lot of lights**
> （より多くの海外からの旅行客がライトのたくさんある場所に惹きつけられる傾向にある）

と書いたり、

Theme
1

Theme
2

Theme
3

Theme
4

Theme
5

Theme
6

Theme
7

Theme
8

Theme
9

Theme
10

Theme
11

Theme
12

Theme
13

more tourists from other countries feel like visiting places with a lot of lights
（より多くの海外からの旅行客がライトのたくさんある場所を訪れたい気持ちになる）

と表現したりすることもできます。

試験本番では、使いたい表現を思い出せなくても、別の表現で代用することができます。最後まで諦めずに考え抜いてください。

⑦まとめ

まとめは①の意見と同じ内容を別の表現で表します。①は

I think that it is a good idea that many buildings and public areas have a lot of lights for decoration.

でした。⑦では、「〜は良い考え」→「〜であるべき」と言い換えてみましょう。文頭はTherefore 以外にも、For these reasons, （これらの理由のために）という表現もありますので、今回はそれを使ってみます。

> **For these reasons, I think that there should be many lights for decoration in public places.**

【 解答例 】

I think that it is a good idea that many buildings and public areas have a lot of lights for decoration. I have two reasons to support my opinion. First, these lights improve public safety. When towns are bright enough with the lights at night, crimes are less likely to happen. Second, such lights will promote tourism. In fact, places with a lot of lights tend to attract more tourists from other countries. For these reasons, I think that there should be many lights for decoration in public places.

(89 words)

日本語訳

私は多くの建物や公共の場所に、装飾用のライトがたくさんあるのは良い考えだと思います。私には、この考えを支持する理由が２つあります。まず、これらのライトは治安を向上させます。ライトにより夜に街が十分明るいと、犯罪が起こる可能性は減るでしょう。次に、このようなライトは観光事業を促進させるでしょう。実際、ライトが多い場所は、外国からの観光客を惹きつける傾向があります。これらの理由のために、公共の場所には装飾のためのライトがたくさんあるべきだと思います。

vocabulary

□ **improve** 「〜を向上させる」

□ **bright** 「明るい」

□ *be* **likely to** *do* 「〜する可能性がある、〜するようだ」

□ **tend to** *do* 「〜する傾向にある」

□ **public safety** 「治安」

□ **crime** 「犯罪」

□ **promote** 「〜を促進させる」

□ **attract** 「〜を惹きつける」

良い考えではないという立場で書く場合

①意見

反対の意見なので I don't think that で始めましょう。

> **I don't think that it is a good idea that many buildings and public areas have a lot of lights for decoration.**

②定型文

> **I have two reasons to support my opinion.**

③④理由1とサポート文

理由はPOINTSのThe environment（環境）を利用して、「環境に悪影響がある」と書きましょう。主語はa lot of lights for decorationを一言でthese lightsと表現すると良いです。「〜に悪影響がある」はhave a negative influence on 〜です。これはとても便利な表現なので、覚えておきましょう。

1つ目の理由ですのでFirst,を使って書き始めます。

> **First, these lights have a negative influence on the environment.**

理由1のサポート文では、③で述べた「環境に対する悪影響」を具体的に説明していきます。「たくさんのライトを使うこと」は「その電力の消費に伴い、環境に悪いガスが排出されること」につながります。したがって④では、「ライトのために使用される大量の電力は環境に害のあるガスを生み出す」と書きます。

「ライトのために使用される大量の電力」は、「大量の電力 / ライトのために使用される」という順番で書き、英語では「a large amount of electricity / used for the lights」と表します。これが主語で、produces gases（ガスを生み出す）と続けましょう。ガスは「環境に害のあるもの」なので、gasesの後ろにはさらにharmful for the environmentと続け、

> **A large amount of electricity used for the lights produces gases harmful for the environment.**

という英文ができます。

⑤⑥理由2とサポート文

理由の2つ目はTourism（観光事業）という観点を用いて、「たくさんの装飾用のライトは観光事業にとって良くないかもしれない」とします。Second,から書き始め、

> **Second, such lights might be bad for tourism.**

とします。such lights（そのようなライト）は前の段落から続く内容のa lot of lights for decorationのことです。

Theme
1
Theme
2
Theme
3
Theme
4
5
Theme
6
Theme
7
8
Theme
9
Theme
10
Theme
11
12
13

理由2のサポート文では、理由2で述べた「観光事業に対する悪影響」について具体的に書き進めていきます。例えば、「多くの人は自然を体験することをより好み、ライトが多すぎる場所を訪れない」といったことを書きます。

「〜することをより好む」はprefer to *do*で表すことができるので、Many people prefer to experience nature と書き始めます。そしてさらにand would not visit places with too many lights（ライトが多すぎる場所を訪れないでしょう）と続けます。

> **Many people prefer to experience nature and would not visit places with too many lights.**

wouldは、ここでは「〜だろう」という意味で、断定しすぎることを避けるために使われています。

⑦まとめ

①で書いたI don't think that <u>it is a good idea that many buildings and public areas have a lot of lights for decoration.</u>の下線部を、there should be a lot of lights for decoration in public places（公共の場所に装飾用のライトがたくさんあるべき）に変えて書きます。文頭をFor these reasons,（これらの理由のために）で始めると、

> **For these reasons, I don't think that there should be a lot of lights for decoration in public places.**

となります。

【 解答例 】

I don't think that it is a good idea that many buildings and public areas have a lot of lights for decoration. I have two reasons to support my opinion. First, these lights have a negative influence on the environment. A large amount of electricity used for the lights produces gases harmful for the environment. Second, such lights might be bad for tourism. Many people prefer to experience nature and would not visit places with too many lights. For these reasons, I don't think that there should be a lot of lights for decoration in public places.

(97 words)

日本語訳

私は多くの建物や公共の場所に、装飾用のライトがたくさんあるのは良い考えだと思いません。私には、この考えを支持する理由が2つあります。まず、これらのライトは環境に悪影響を及ぼします。ライトのために使用される大量の電力は環境に害のあるガスを生み出します。次に、そのようなライトは観光事業にとって良くないかもしれません。多くの人は自然を体験することをより好み、ライトが多すぎる場所を訪れないでしょう。これらの理由のために、公共の場所に装飾用のライトがたくさんあるべきだとは思いません。

vocabulary

□ **have a negative influence on** 〜「〜に悪影響がある」　　□ **a large amount of** 〜「大量の〜」

□ **electricity**「電気」　　□ **harmful**「有害な」

□ **prefer to *do***「〜することをより好む」　　□ **experience**「〜を経験する」

●以下の**TOPIC**について、あなたの意見とその理由を2つ書きなさい。

●**POINTS**は理由を書く際の参考となる観点を示したものです。ただし、これら以外の観点から理由を書いてもかまいません。

●語数の目安は80語〜100語です。

●解答は、解答用紙のB面にあるライティング解答欄に書きなさい。なお、解答欄の外に書かれたものは採点されません。（※1）

●解答が**TOPIC**に示された問いの答えになっていない場合や、**TOPIC**からずれていると判断された場合は、0点と採点されることがあります。**TOPIC**の内容をよく読んでから答えてください。

■ TOPIC

Some people say that Japan should accept more people from other countries to work in Japan. Do you agree with this opinion?

■ POINTS

● *Aging society*

● *Culture*

● *Language*

(2022年度第2回)

（※1：本書には解答用紙は付属していません。）

memo

Theme
1

Theme
2

Theme
3

Theme
4

Theme
5

Theme
6

Theme
7

Theme
8

Theme
9

Theme
10

Theme
11

Theme
12

Theme
13

解説

今回のTOPICは、Japan should accept more people from other countries to work in Japan（日本は海外から来て日本で働く人をもっと受け入れるべき）かどうかです。

まずは、賛成の立場でエッセイを書いていきましょう。

賛成の立場で書く場合

2つの理由はPOINTSのAging society（高齢化社会）とCulture（文化）が書きやすいと思います。Aging societyは「日本では高齢化が進んでいて人手不足である」という観点、Cultureは「文化の違う人々から新しいアイディアが生まれる」という観点で書いていきましょう。

①意見

賛成の立場ですので、TOPICの英文を利用して、

> **I think that Japan should accept more people from other countries to work in Japan.**

と書きましょう。下線部はTOPICと同じ表現になっています。

②定型文

理由が2つあることを書きます。

> **I have two reasons to support my opinion.**

③④理由1とサポート文

ここではPOINTSで与えられたAging society（高齢化社会）という観点から、自分の意見に対する理由とそのサポート文を書きます。

今回は「日本では高齢化が進んでいる」という内容ですが、外国から労働者を受け入れるべきという意見に対する理由にする必要があるので、高齢化により日本では働き手が少なくなってきているということまで含めましょう。「働き手が少なくなってきている」はfewer and fewer workersと表現できます。理由の1つ目なので冒頭にFirst,をつけて、

First, Japan has fewer and fewer workers because its population is aging.

とします。

aging societyは「高齢化社会」という意味ですが、ここでは「高齢化が<u>進んでいる</u>」と示すために、population（人口）という単語を主語にして、population <u>is aging</u>と現在進行形を使っています。

次にサポート文ですが、③の内容を掘り下げた内容を書きます。ここでは「海外から来た人々が労働者不足の解決に役立つ」としましょう。

Those who come from overseas can help solve the lack of workers.

となります。

「～する人々」はthose who ～、「労働者不足」はlack of workersと表現しています。

③と④をつなげてみると、

> **First, Japan has fewer and fewer workers because its population is aging. Those who come from overseas can help solve the lack of workers.**

となり、これで理由１とそのサポート文は完成です。

⑤⑥理由２とサポート文

次は⑤⑥ですが、これはPOINTSで与えられたCulture（文化）を用いて③④と同じ手順を繰り返します。

理由２としては、「異なる文化から来た人々は、日本人が持っていない視点をもたらしうる」という内容で、

　　　　Second, people from different cultures can bring views that Japanese people don't have.

としましょう。ここではcanは「〜しうる」という可能性の意味で使っています。

次はこの理由に対するサポート文ですが、For exampleから始めて「さまざまな文化から来た人がいる会社では、新製品を作る新鮮なアイディアを得やすい」という具体例を続けましょう。「〜しやすい」はbe likely to doを使いましょう。

　　　　For example, if a company has workers from many different cultures, it is more likely to have fresh ideas about making a new product.

⑤、⑥をつなげてみると、

> **Second, people from different cultures can bring views that Japanese people don't have. For example, if a company has workers from many different cultures, it is more likely to have fresh ideas about making a new product.**

となります。

⑦まとめ

まとめは①の意見と同じ内容を別の表現で表しましょう。①は

　　　　I think that Japan should accept more people from other countries to work in Japan.

でしたが、主語をJapanからworkersに変えて、別の表現にしてみましょう。acceptはwelcomeにother countriesはabroadに言い換えています。まとめなので、冒頭はTherefore,で始めて、

> **Therefore, I think that more workers from abroad should be welcomed.**

【 解答例 】

I think that Japan should accept more people from other countries to work in Japan. I have two reasons to support my opinion. First, Japan has fewer and fewer workers because its population is aging. Those who come from overseas can help solve the lack of workers. Second, people from different cultures can bring views that Japanese people don't have. For example, if a company has workers from many different cultures, it is more likely to have fresh ideas about making a new product. Therefore, I think that more workers from abroad should be welcomed.　　(95 words)

日本語訳

私は、日本は海外から来て日本で働く人をもっと受け入れるべきだと思います。私の意見を支持する理由は2つあります。第一に、高齢化が進むことで日本には働く人がますます減っています。海外から来た人々は、労働力不足の問題を解決する手助けとなるでしょう。第二に、異文化の人々は、日本人が持っていない視点をもたらしてくれる可能性があります。例えば、多様な文化背景を持つ労働者を雇っている企業では、新しい製品を作ることについての新鮮なアイディアを生む可能性が高くなります。したがって、私はより多くの海外からの労働者が歓迎されるべきだと思います。

では次のページからは、同じ設問で、反対の立場から書いてみましょう。

vocabulary

□ **accept**「〜を受け入れる」

□ **population is aging**「高齢化が進んでいる」

□ **lack of workers**「労働者不足」

□ **view**「視点」

□ **welcome**「〜を歓迎する」

□ **fewer and fewer 〜**「ますます少ない〜」

□ **those who 〜**「〜する人々」

□ **can**「〜しうる」

□ *be* **likely to** *do*「〜しやすい」

今回はPOINTSにあるCulture（文化）とLanguage（言語）から書いてみます。賛成の立場と同様に、7つの英文で構成していきます。1つずつ見ていきましょう。

①意見

反対の立場ですからI don't think thatで書き始めましょう。下線部はTOPICの一部を利用しています。

> **I don't think that Japan should accept more people from other countries to work in Japan.**

②定型文

定型文は賛成でも反対でも変わりません。

> **I have two reasons to support my opinion.**

③④理由1とサポート文

1つ目の理由はPOINTSのCulture（文化）を使います。
「他国から来た人は文化の違いによって難題に直面するかもしれない」というような内容を書いていきます。

③の出だしはFirst, で始めて、
First, people from different countries may face challenges because of cultural differences.
とします。face challengesは「難題に直面する」という意味の表現です。
③のサポート文にあたる④は「彼らは日本人の意見の表現方法を理解するのが難しいかもしれない」と書きますが、前文の具体例にあたる内容を導くので、For example, で始めて、
For example, it may be difficult for them to understand how Japanese people express their opinions.
としましょう。③と④をつなげると次のようになり、理由1とそのサポート文は完成です。

> **First, people from different countries may face challenges because of cultural differences. For example, it may be difficult for them to understand how Japanese people express their opinions.**

次は理由の2つ目と、そのサポート文なので③④と同じことを繰り返します。

⑤⑥理由2とサポート文

ここではPOINTSのLanguage（言語）を使って書いてみます。
「言語の違いは社員同士がコミュニケーションをとるのを難しくする」と書き始めましょう。Second, で始め、「〜の違い」はdifference in 〜、「Aが〜するのを難しくする」はmake it difficult for A to doで表現します。
Second, the difference in language makes it difficult for workers to communicate with each other.
次に⑥ですが、⑥は前文の内容を受けて、「このことが、仕事が円滑に進むのを妨げる」と書きます。出だしは前文の内容を受けるthisで始め、「Aが〜するのを妨げる」はprevent A from doingを使って表現します。
This might prevent business from going smoothly.

これで⑤⑥が完成ですので、2つをつなげると、次のようになります。

> **Second, the difference in language makes it difficult for workers to communicate with each other. This might prevent business from going smoothly.**

では、最後のまとめに進みましょう。

⑦まとめ

まとめは①の意見と同じ内容を別の表現で書きます。
①の意見は

I don't think that Japan should accept more people from other countries to work in Japan.

という内容でした。これをまとめでは、あえて don't を使わずに I think で書き始めて、avoid *doing*「〜するのを避ける」という表現を使って否定的な意見を言い換えてみます。まとめなので Therefore, で始めます。

> **Therefore, I think that Japan should avoid accepting more workers from other countries.**

■━━━━━━━━ 【 解答例 】 ━━━━━━━━■

I don't think that Japan should accept more people from other countries to work in Japan. I have two reasons to support my opinion. First, people from different countries may face challenges because of cultural differences. For example, it may be difficult for them to understand how Japanese people express their opinions. Second, the difference in language makes it difficult for workers to communicate with each other. This might prevent business from going smoothly. Therefore, I think that Japan should avoid accepting more workers from other countries.

(87 words)

日本語訳

私は、日本は海外から来て日本で働く人をもっと受け入れるべきではないと思います。私の意見を支持する理由は2つあります。第一に、他国から来た人は文化の違いによって難題に直面するかもしれません。例えば、彼らは日本人の意見の表現方法を理解するのが難しいかもしれません。第二に、言語の違いが労働者同士のコミュニケーションを難しくしてしまいます。これは仕事が円滑に進むのを妨げるかもしれません。したがって、私は日本が他の国からの労働者をさらに受け入れることを避けるべきだと思います。

vocabulary

□ **face challenges**「難題に直面する」

□ **make it difficult for *A* to *do***「Aが〜するのを難しくする」

□ **prevent *A* from *doing***「Aが〜するのを妨げる」

□ **avoid *doing***「〜するのを避ける」

□ **difference in ～**「～の違い」

□ **communicate with ～**「～とコミュニケーションをとる」

□ **smoothly**「円滑に」

●以下の**TOPIC**について、あなたの意見とその<u>理由を2つ</u>書きなさい。

●**POINTS**は理由を書く際の参考となる観点を示したものです。ただし、これら以外の観点から理由を書いてもかまいません。

●語数の目安は80語〜100語です。

●解答は、解答用紙のB面にあるライティング解答欄に書きなさい。<u>なお、解答欄の外に書かれたものは採点されません。</u>（※1）

●解答が**TOPIC**に示された問いの答えになっていない場合や、**TOPIC**からずれていると判断された場合は、<u>0点と採点されることがあります</u>。**TOPIC**の内容をよく読んでから答えてください。

◤TOPIC◢

Some people say that Japan should use the Internet for people to vote in elections. Do you agree with this opinion?

◤POINTS◢

● *Convenience*

● *Cost*

● *Security*

（2022年度第3回）

（※1：本書には解答用紙は付属していません。）

memo

Theme
1
Theme
2
Theme
3
Theme
4
Theme
5
Theme
6
Theme
7
Theme
8
Theme
9
10
11
12
13

解説

今回のTOPICは、Japan should use the Internet for people to vote in elections（選挙で投票するために、日本はインターネットを使うべき）という考えに賛成するかどうか、です。

まずは、賛成の立場でエッセイを書いていきましょう。

賛成の立場で書く場合

2つの理由はPOINTSのConvenience（便利）とCost（費用）が書きやすいと思います。Convenienceは「忙しい人でも投票できる」という観点が、Costは「選挙の運営費が節約できる」という観点がシンプルで書きやすいのではないでしょうか。

では、上記をふまえながら、ライティングの型に従って書いていきましょう。

①意見

賛成の立場ですので、TOPICの英文を利用して、

> **I think that Japan should use the Internet for people to vote in elections.**

と書きましょう。下線部はTOPICと同じ表現になっています。

②定型文

> **I have two reasons to support my opinion.**

③④理由1とサポート文

1つ目の理由としてはPOINTSのConvenience（便利）を使い、「日本人は普段忙しいので、この投票方法は彼らにとって便利だ」と書きます。

「〜の方法」はthe way of *do*ingなので、this way of votingで「この投票方法」となります。「便利だ」はconvenientです。出だしはFirst, で始めましょう。

First, Japanese people are usually busy, and this way of voting is convenient for them.

次に、この英文のサポート文ですが、「忙しい人にとって便利である」とはどういうことかを具体的に説明します。インターネットで選挙の投票ができると、場所に縛られずに投票をすることができます。そこで、「職場を出ることなく、仕事の日に投票することができる」と書いてみましょう。

英語の語順では、「仕事の日に投票することができる / 職場を出ることなく」という順番で書きます。「仕事の日」はa working dayです。「〜することなく」はwithout *do*ingなので、「職場を出ることなく」はwithout leaving their workplaceとなります。③との関連性を示すためにIn fact,（実際）で始めて、

In fact, they can vote on a working day without leaving their workplace.

とします。

これで③④は完成なので、2つをつなげると、

> **First, Japanese people are usually busy, and this way of voting is convenient for them. In fact, they can vote on a working day without leaving their workplace.**

となります。次に2つ目の理由とそのサポート文を書きます。

⑤⑥理由2とサポート文

2つ目の理由はPOINTSのCost（費用）を利用しましょう。
⑤⑥では「インターネットによる投票で、選挙にかかる費用を削減できる」、そして「インターネットを使うことで、選挙のための場所やスタッフにかかる費用を削減できる」という流れで書いてみます。
Second,で始めて、

> **Second, voting this way can reduce the costs for elections in Japan.**

とします。voting this way（このような投票の方法）は「インターネットによる投票」のことですが、これは前の段落から続く内容ですので、this way（このように）を使い英文に連続性、一貫性を持たせましょう。
次に、そのサポート文として、「インターネットを使うことで、投票所やスタッフにかかる費用が減る」と、⑤の内容を具体的に説明しましょう。「インターネットを使うことで」はby using the Internetとします。「費用」ですが、「お金の量」と言い換えるとよいでしょう。「〜の量」はthe amount of 〜ですので、「お金の量（費用）」はthe amount of moneyです。

> **By using the Internet, the amount of money spent on voting places and staff will decrease.**

これで、⑤⑥が書けたので、2つをつなげてみましょう。

> **Second, voting this way can reduce the costs for elections in Japan. By using the Internet, the amount of money spent on voting places and staff will decrease.**

では、最後に⑦のまとめです。

⑦まとめ

まとめは、①の意見と同じ内容を別の表現で書きましょう。
①では、

> I think that Japan should use the Internet for people to vote in elections.

でした。
これを別の表現にしていきますが、「日本は人々が選挙で投票するためにインターネットを使うべきだ」という内容を「日本人はインターネットで投票できるべきだ」と言い換えようと思います。

「〜できるべきだ」はshould be able to *do*を使い、文頭はTherefore,で始めると、

> **Therefore, I think Japanese people should be able to vote online.**

という文ができますね。use the Internetはonlineを言い換えています。これで完成です。

【 解答例 】

I think that Japan should use the Internet for people to vote in elections. I have two reasons to support my opinion. First, Japanese people are usually busy, and this way of voting is convenient for them. In fact, they can vote on a working day without leaving their workplace. Second, voting this way can reduce the costs for elections in Japan. By using the Internet, the amount of money spent on voting places and staff will decrease. Therefore, I think Japanese people should be able to vote online.

(89 words)

日本語訳

私は、日本は人々が選挙で投票するためにインターネットを使うべきだと思います。私にはこの意見を支持する2つの理由があります。まず日本人はたいてい忙しく、このような投票方法は彼らにとって便利です。実際、彼らは職場を出ることなく、仕事の日に投票することができます。次に、このような投票方法は、日本の選挙にかかる費用を減らすことができます。インターネットを使うことで、投票所やスタッフにかかる費用が減ります。それゆえ、日本人はインターネットで投票できるべきだと思います。

vocabulary

□ **vote**「投票する」

□ **convenient**「便利な」

□ **without** *do*ing「～することなく」

□ **reduce**「～を減らす、減る」

□ **should be able to** *do*「～できるべきだ」

□ **election**「選挙」

□ **a working day**「仕事の日」

□ **workplace**「職場」

□ **decrease**「～を減らす、減る」

①意見

反対の立場ですからI don't think thatで書き始めましょう。

> **I don't think that Japan should use the Internet for people to vote in elections.**

②定型文

定型文は賛成の場合と同じものを利用しましょう。

> **I have two reasons to support my opinion.**

③④理由1とサポート文

1つ目の理由ですが、POINTSにあるSecurity（セキュリティ）を使って書いてみましょう。ここでは、「日本はネットのセキュリティの点で、少し後れをとっている」と書いてみようと思います。使用する単語や表現には

> 「少し後れをとっている」*be* a little behind
> 「〜の点で」in terms of 〜

などを使い

> **First, Japan is a little behind in terms of online security.**

とします。

次にサポート文ですが、ネットのセキュリティが弱いとどうなるかを掘り下げて説明していきます。「選挙に関する情報が盗まれたり、変更されたりする可能性があります」としていこうと思います。前の文を、So, （なので）で受けて、

> **So, information related to elections may be stolen or changed.**

とします。これで③と④が完成したので、2つの英文を合わせて確認しましょう。

> **First, Japan is a little behind in terms of online security. So, information related to elections may be stolen or changed.**

次に2つ目の理由を書いていきます。

⑤⑥理由2とサポート文

2つ目の理由はPOINTSのCost（費用）を使って書いていこうと思います。
「投票のためのオンラインのシステムを構築するのは多くのお金がかかる」と書いていきます。「〜するのに多くのお金がかかる」はit costs a lot of money to *do*です。断定しすぎるのを避けるためにwould cost（お金がかかるだろう）とすると良いです。「構築する」の部分は適切な語句を思いつくことができなければmake（〜を作る）でも良いですが、ここではestablish（〜を構築する、〜を確立する）を使ってみましょう。

Second, it would cost a lot of money to establish an online system for voting in Japanese elections.

次は、このサポート文ですが、cost a lot of money（多くのお金がかかる）を具体的に説明しましょう。システムの構築に必要なのは、それを作るプログラマーです。今回は、「プログラマーはお金がかかる」という路線で書いてみます。主語はプログラマーですが、どのようなプログラマーかを伝わりやすくするために programmers needed for such a system（そのようなシステムに必要なプログラマー）としましょう。

For example,で書き始めて、

For example, programmers needed for such a system are very expensive.

とします。
これで⑤と⑥は完成なので2つをつなげてみると、

> **Second, it would cost a lot of money to establish an online system for voting in Japanese elections. For example, programmers needed for such a system are very expensive.**

となります。
では、最後にまとめを書いていきましょう。

⑦まとめ

まとめは①の意見と同じ内容を別の表現で表します。
①では、

I don't think that Japan should use the Internet for people to vote in elections.

でしたが、最後のまとめではI don't think that Japan should useをJapan should not introduceと言い換え Therefore,（それゆえ）で始めて、

> **Therefore, Japan should not introduce Internet voting.**

としましょう。

■━━━━━━━━━【 解答例 】━━━━━━━━━■

I don't think that Japan should use the Internet for people to vote in elections. I have two reasons to support my opinion. First, Japan is a little behind in terms of online security. So, information related to elections may be stolen or changed. Second, it would cost a lot of money to establish an online system for voting in Japanese elections. For example, programmers needed for such a system are very expensive. Therefore, Japan should not introduce Internet voting.　　(80 words)

私は、人々が選挙で投票するために日本はインターネットを使うべきだとは思いません。私にはこの意見を支持する2つの理由があります。まず、日本はネットのセキュリティが少し遅れています。そのため、選挙に関する情報が盗まれたり、変更されたりする可能性があります。次に、日本の選挙で投票のためのオンラインシステムを構築するには多くの費用がかかるでしょう。例えば、そのようなシステムに必要なプログラマーは、非常にお金がかかります。ですから、日本ではインターネットの投票を導入すべきではないと思います。

vocabulary

□ *be* a little behind「少し遅れている」

□ information「情報」

□ steal「〜を盗む」

□ programmer「プログラマー」

□ in terms of 〜「〜の点で」

□ related to 〜「〜に関する」

□ establish「〜を構築する、〜を確立する」

要約問題をおさえよう！

Point① 2級の要約問題はどんな問題？

○与えられた150語程度の英文を45〜55語で要約する問題。
○問題数：1問
○内容、構成、語彙、文法の4つの観点で、それぞれ4点満点（0〜4点）、合計16点満点で評価されます。

Point② 2級の要約問題の攻略方法とは？

○各段落のエッセンスをつかんで、シンプルな単語や文法を使って書く

まずは与えられた英文について、段落ごとにエッセンスをつかんでいきましょう。そして、これまで出題されてきた意見論述問題と同様、シンプルな単語や表現を使って、つかんだエッセンスを表現していきましょう。

より詳細な攻略方法を、次の例題を用いて説明していきます。

●以下の英文を読んで、その内容を英語で要約し、解答欄に記入しなさい。
●語数の目安は45語〜55語です。
●解答欄の外に書かれたものは採点されません。（※1）
●解答が英文の要約になっていないと判断された場合は、0点と採点されることがあります。英文をよく読んでから答えてください。

When students go to college, some decide to live at home with their parents, and others decide to rent an apartment by themselves. There are other choices, too. These days, some of them choose to share a house with roommates.

What are the reasons for this? Some students have a roommate who is good at math or science and can give advice about homework. Other students have a roommate from abroad and can learn about a foreign language through everyday conversations. Because of this, they have been able to improve their foreign language skills.

On the other hand, some students have a roommate who stays up late at night and watches TV. This can be noisy and make it difficult for others to get enough sleep. Some students have a roommate who rarely helps with cleaning the house. As a result, they have to spend a lot of time cleaning the house by themselves.

（出典：https://www.eiken.or.jp/eiken/info/2023/pdf/20230706_info_eiken.pdf）

（※1）本書には解答用紙は付属していません。
（※）2023年12月現在の情報を掲載しています。

　学生が大学に通うとき、親と同じ家に住むことを選ぶ人もいれば、自分自身でアパートを借りることを決める人もいます。他の選択肢もあります。最近では、彼らの中にはルームメイトと一緒に住む家をシェアすることを選ぶ学生もいます。

　この理由は何でしょうか。数学や科学が得意で宿題についてのアドバイスをくれるルームメイトがいる学生もいます。外国から来ているルームメイトがいて、日常会話を通じて外国語を学ぶことができる学生もいます。これにより、彼らは外国語の技能を向上させることができています。

　一方で、夜遅くまで起きてテレビを見るルームメイトがいる学生もいます。これは騒がしく、他の人が十分な睡眠をとるのを難しくすることがあります。家の掃除をめったに手伝わないルームメイトがいる学生もいます。その結果、自分で家を掃除するのに多くの時間を費やさなければならなくなります。

解説

1. 文章全体の流れをつかもう

第2段落の冒頭にWhat are the reasons for this?（この理由は何でしょうか）とありますが、この**this が指しているのは第1段落で提示された「シェアハウスをすること」**で、この段落では大学生がシェアハウスをする理由、すなわちシェアハウスの肯定的な面について述べていることがわかります。一方で**第3段落は対比を示すディスコースマーカーOn the other hand（一方で）** から始まっているので、シェアハウスの否定的な面が述べられていることが推測できます。

したがって、文章全体は
　第1段落：シェアハウスについて
　第2段落：シェアハウスの肯定的な面
　第3段落：シェアハウスの否定的な面
という流れで書かれているとわかります。

2. 段落ごとのエッセンスをつかもう

次に、段落ごとのエッセンスをつかんでいきます。その際に役に立つのが、**＜パラグラフの基本構成＞**と**＜ディスコースマーカー＞**の2つの考え方です。ひとつずつ確認していきましょう。

＜パラグラフの基本構成＞
英語の文章の各パラグラフは、基本的に次の①～④の流れで、②は③によって具体化されます。

① Introductory Sentence（導入文）：　話題を導入するための文。省略することもある。
② Topic Sentence（主題文）：　　　　段落の趣旨を述べる文。抽象的。
③ Supporting Sentences（支持文）：　主題を詳しく説明する文。具体的。
④ Concluding Sentence（結びの文）：　主題の繰り返しをする文。省略することもある。

主題文は必ず要約に含め、支持文は可能な範囲で要約に含めるようにしましょう。主題文にあたる文がない場合は、支持文から大事な情報を抜き出していきましょう。特に、**因果関係があった場合には、原因よりも結果が大事な情報であることが多い**です。語数制限におさまる場合は原因と結果の両方を、収まらない場合は結果を中心に書きましょう。

<ディスコースマーカー>

ディスコースマーカーとは、つなぎ言葉とも呼ばれ、文と文のつながりを良くし、読者の理解を助ける役割を果たす語句のことです。日本語の「例えば」や「なぜなら」に相当しますが、以下が英語のディスコースマーカーの役割と具体例を示したものです。

A	言い換えや例を示すもの **in other words, for example** など
B	因果関係を示すもの **so, therefore, as a result, because** など
C	逆接、譲歩、対比を示すもの **but, however, although, on the other hand** など
D	付け加えを示すもの **in addition, moreover, also** など

ディスコースマーカーに着目すると、「文と文のつながり」や「段落と段落のつながり」が明確になり、それぞれの内容をとらえやすくなります。

では、実際に各段落のエッセンスをつかんでいきましょう。

【第1段落】

When students go to college, some decide to live at home with their parents, and others decide to rent an apartment by themselves. There are other choices, too. These days, some of them choose to share a house with roommates.

段落の内容は次の通りに展開しています。
・実家暮らしをする大学生もいれば、一人暮らしをする大学生もいる。（導入文）
・他の選択肢もある。（主題文）
・シェアハウスをする大学生もいる。（支持文）

【第2段落】

What are the reasons for this? Some students have a roommate who is good at math or science and can give advice about homework. Other students have a roommate from abroad and can learn about a foreign language through everyday conversations. Because of this, they have been able to improve their foreign language skills.

段落の内容は次の通りに展開しています。some students 〜, other students... 「〜する生徒もいれば…する生徒もいる」という表現を使って、シェアハウスをする理由が大きく2つ述べられていることがわかります。それぞれの理由には原因と結果にあたる内容が含まれていますが、結果の方を中心に書きましょう。

・この（シェアハウスをする）理由は何か？（主題文）
・理由①：数学や理科が得意で宿題を手伝ってくれるルームメイトがいる。（支持文）
・理由②：海外から来て外国語で毎日話せるルームメイトがいる。（支持文）
Because of this（これにより）
・理由②の補足説明：外国語の能力を高めることができている。（支持文）

【第3段落】

On the other hand, some students have a roommate who stays up late at night and watches TV. This can be noisy and make it difficult for others to get enough sleep. Some students have a roommate who rarely helps with cleaning the house. As a result, they have to spend a lot of time cleaning the house by themselves.

段落の内容は次の通りに展開しています。対比を表すディスコースマーカーOn the other hand（一方で）が冒頭で使われているので、この段落では第2段落（シェアハウスをする理由）と対立する内容（シェアハウスをしない理由、シェアハウスの否定的な面）が続くことが想定できます。また、someという語を使った同じ形の文（students have a roommate who 〜）が2回述べられています。したがって、ここではシェアハウスをしない理由が大きく2つ述べられていることがわかります。第2段落同様、原因と結果のうち結果にあたる方を中心にまとめましょう。

On the other hand（一方で）（第2段落と対立する内容が続くことを示している）
・理由①：夜更かしをするルームメイトがいる。（支持文）
・理由①の補足説明：うるさくて他の人が寝られなくなる。（支持文）
・理由②：家の掃除をめったに手伝わないルームメイトがいる。（支持文）
As a result（その結果）
・理由②の補足説明：自分で掃除をしなければならない時間が多くなる。（支持文）

3.抽出したエッセンスを自分の言葉で表現しよう

それでは、抽出したエッセンスを英語で表現していきましょう。
最終的に45〜55語で要約を書く必要があるので、語数が多くなりすぎないように気をつけましょう。

【第1段落】

When students go to college, some decide to live at home with their parents, and others decide to rent an apartment by themselves. There are other choices, too. These days, some of them choose to share a house with roommates.

・実家暮らしをする大学生もいれば、一人暮らしをする大学生もいる。
・他の選択肢もある。（主題文）
・シェアハウスをする大学生もいる。（支持文）

> **Some college students prefer to share a house with roommates.** (10 words)

言い換えは次の通りです。

choose → prefer

【第2段落】

What are the reasons for this? Some students have a roommate who is good at math or science and can give advice about homework. Other students have a roommate from abroad and can learn about a foreign language through everyday conversations. Because of this, they have been able to improve their foreign language skills.

・この（シェアハウスをする）理由は何か？（主題文）
・理由①：数学や理科が得意で宿題を手伝ってくれるルームメイトがいる。（支持文）

・理由②：海外から来て外国語で毎日話せるルームメイトがいる。（支持文）
Because of this（これにより）
・理由②の補足説明：外国語の能力を高めることができている。（支持文）

> **Some students can do homework together with their roommates and can practice a foreign language.**　　　　　　　　　　　　　　　　　　　　（15 words）

言い換えは次の通りです。

> ・**give advice about homework**　　　　→ **do homework together**
> ・**improve their foreign language skills** → **practice a foreign language**

【第3段落】
　　On the other hand, some students have a roommate who stays up late at night and watches TV. This can be noisy and make it difficult for others to get enough sleep. Some students have a roommate who rarely helps with cleaning the house. As a result, they have to spend a lot of time cleaning the house by themselves.

On the other hand（一方で）（第2段落と対立する内容が続くことを示している）
・理由①：夜更かしをするルームメイトがいる。（支持文）
・理由①の補足説明：うるさくて他の人が寝られなくなる。（支持文）
・理由②：家の掃除をめったに手伝わないルームメイトがいる。（支持文）
As a result（その結果）
・理由②の補足説明：自分で掃除をしなければならない時間が多くなる。（支持文）

> **Some students may suffer from a lack of sleep because of noisy roommates. They might have to do a lot of cleaning because their roommates don't do it.**　　（28 words）

言い換えは次の通りです。

> ・**make it difficult for others to get enough sleep** → **some students suffer from a lack of sleep**
> ・**spend a lot of time cleaning**　　　　　　　　→ **do a lot of cleaning**

3. で完成した文をつないでいきましょう。

> Some college students prefer to share a house with roommates. <u>Some students</u> can do homework together with their roommates and can practice a foreign language. <u>Some students</u> may suffer from a lack of sleep because of noisy roommates. They might have to do a lot of cleaning because their roommates don't do it.

各段落のまとめをつないだ後は、読みやすい英文になるよう修正を加えましょう。

2文目と3文目のSome studentsはどちらも1文目のSome college studentsのことを言っているので、代名詞のtheyを使います。また、2文目はルームシェアの肯定的な面、3文目以降は否定的な面を述べているので、その間に対比を示すディスコースマーカーを入れましょう。本文中で使われていたOn the other handは避けて、Howeverを使うと良いでしょう。さらに、4文目ではルームシェアの否定的な面を付け加えているので、付け加えを示すディスコースマーカーAlsoを入れます。

完成した要約は次のようになります。

> ━━━━●━━【 解答例 1 】━━●━━━━
>
> Some college students prefer to share a house with roommates. <u>They</u> can do homework together with their roommates and can practice a foreign language. However, they may suffer from a lack of sleep because of noisy roommates. Also, they might have to do a lot of cleaning because their roommates don't do it.
>
> (53 words)

日本語訳

> 大学生の中にはルームメイトと家をシェアするのを好む人もいます。彼らはルームメイトと一緒に宿題をしたり外国語の練習をしたりすることができます。しかし、彼らはうるさいルームメイトのせいで睡眠不足に苦しむかもしれません。また、ルームメイトがしないため自身が掃除をたくさんしなければならないかもしれません。

この解答例は、本文の大事な要素を抜き出してまとめた形ですが、要約を書く際にはさらにレベルの高い書き方をすることもできます。

例えば、ルームシェアをする理由については、

> ・do homework together with their roommates
> → get some academic help from their roommates
> 　（ルームメイトから学問的な援助を受ける）
>
> ・practice a foreign language
> → have the opportunity to brush up their foreign language skills
> 　（外国語の技能を磨く機会を得る）

といった形で表現することができます。
また、ルームシェアをしない理由については、

- suffer from a lack of sleep because of noisy roommates
- have to do a lot of cleaning because their roommates don't do it
  → be bothered by noisy roommates or by ones who fail to keep the house clean
  （うるさいルームメイトや家を綺麗にしないルームメイトによって困らせられる）

と1文にまとめることもできます。

【 解答例2 】

Some college students prefer to share a house with roommates. They can get some academic help from their roommates or may have the opportunity to brush up their foreign language skills. However, they may be bothered by noisy roommates or by ones who fail to keep the house clean.

(49 words)

日本語訳

大学生の中にはルームメイトと家をシェアするのを好む人もいます。彼らはルームメイトから学問的な援助を得ることができて、外国語の技能を磨く機会を得るかもしれません。しかし、彼らはうるさいルームメイトや家を綺麗にしないルームメイトによって困らせられるかもしれません。

vocabulary

- □ rent「～を借りる」
- □ by oneself「自分自身で」
- □ share「～をシェアする、共有する」
- □ advice「アドバイス」
- □ because of ～「～により、～のおかげで」
- □ on the other hand「一方で」
- □ noisy「騒がしい」
- □ as a result「その結果」
- □ suffer from ～「～に苦しむ」
- □ academic「学問的な」
- □ brush up ～「～を磨く」
- □ fail to *do*「～しそこなう、～できない」

- □ apartment「アパート」
- □ choose to *do*「～することを選ぶ」
- □ roommate「ルームメイト、同居人」
- □ everyday conversation「日常会話」
- □ improve「～を向上させる」
- □ stay up「寝ないで起きている」
- □ rarely「めったに～ない」
- □ prefer to *do*「～するのを好む」
- □ lack「不足」
- □ opportunity「機会」
- □ bother「～を困らせる」

初めて取り組む形式の問題かもしれませんが、恐れることはありません。
例題で学んだことを活かして、チャレンジしてみましょう。

●以下の英文を読んで、その内容を英語で要約し、解答欄に記入しなさい。
●語数の目安は45語〜55語です。
●解答欄の外に書かれたものは採点されません。（※）
●解答が英文の要約になっていないと判断された場合は、0点と採点されることがあります。英文を
　よく読んでから答えてください。

　　When preparing for exams, some students prefer to study alone in a quiet place. However, this is not the only way to study. It is also popular among some students to get together at a friend's house or a café and study in groups.

　　Why do some students choose to study like this? They think that they can learn difficult subjects better by discussing them with their friends. Also, they can talk with their friends during a break and can decrease the stress of preparing for the exams. This helps them to study longer with less stress.

　　On the other hand, sometimes students never stop chatting about things not related to their studies. Once this happens, it's hard for them to get back to their studies. Some students may not understand a subject well and bother their friends by asking many questions. This prevents those who are asked questions from studying for the exams.

（オリジナル問題）

（※）本書には解答用紙は付属しておりません。

memo

Theme 1

Theme 2

Theme 3

Theme 4

Theme 5

Theme 6

Theme 7

Theme 8

Theme 9

Theme 10

Theme 11

Theme 12

Theme 13

解説

問題文の日本語訳

　試験の準備をする際に、一部の学生は静かな場所で1人で勉強することを好みます。しかし、それが勉強の唯一の方法ではありません。他にも、友人の家やカフェで集まり、グループで勉強することが一部の学生の間で人気です。

　なぜ学生たちはこのように勉強することを選ぶのでしょうか。彼らは、難しい科目を友人と議論することで、より良く学べると考えています。また、彼らは休憩中に友人と話し、試験の準備をすることのストレスを減らすこともできます。このことが、彼らがあまりストレスを感じずに、より長く勉強することを助けます。

　一方で、時々学生は、勉強に関係ないことを話すことを決してやめません。一度このことが始まると、彼らにとって勉強に戻るのは難しいです。一部の学生は科目をよく理解しておらず、多くの質問をすることによって友人の邪魔をするかもしれません。このことが、質問される人が、試験の勉強をすることを妨げます。

1. 文章全体の流れをつかもう

第2段落はWhy do some students choose to study like this? （なぜ学生たちはこのように勉強することを選ぶのでしょうか）とあり、study like thisのthisは直前のto get together at a friend's house or a café and study in groups（友人の家やカフェで集まり、グループで勉強すること）を指しています。したがって、第1段落では「グループ学習」というトピックが提示されており、第2段落は学生がグループ学習をする理由、すなわちグループ活動の肯定的な面に関するものだとわかります。第3段落はOn the other hand（一方で）から始まるので、グループ学習に関する否定的な面を説明していると推測できます。

したがって、文章全体は
　第1段落：グループ学習について
　第2段落：グループ学習の肯定的な面
　第3段落：グループ学習の否定的な面
という流れで書かれているとわかります。

2. 段落ごとのエッセンスをつかもう

次に、段落ごとのエッセンスをつかんでいきます。その際には、ポイント解説で確認したパラグラフの基本構成とディスコースマーカーを活用することが効果的です。
では、実際に各段落のエッセンスをつかんでいきましょう。

【第1段落】

　When preparing for exams, some students prefer to study alone in a quiet place. However, this is not the only way to study. It is also popular among some students to get together at a friend's house or a café and study in groups.

段落の内容は次の通りに展開しています。

・試験の準備をするときに、一部の学生は静かな場所で1人で勉強することを好む（導入文）
However（しかし）（1文目と対立する内容が続くことを示している）
・それが勉強の唯一の方法ではない（＝他の勉強の仕方もある）。（主題文）
・友人の家やカフェで集まり、グループで勉強することが一部の生徒の間で人気がある。（支持文）

【第2段落】

Why do some students choose to study like this? They think that they can learn difficult subjects better by discussing them with their friends. Also, they can talk with their friends during a break and can decrease the stress of preparing for the exams. This helps them to study longer with less stress.

段落の内容は次の通りに展開しています。付け加えを表すディスコースマーカーAlsoが使われています。

・なぜ学生たちはこのように勉強することを選ぶのでしょうか。（主題文）
・難しい科目を友人と議論することで、より良く学べる。（支持文）
Also（また、同様に）
・休憩中に友人と話し、試験の準備をすることのストレスを減らすこともできる。（支持文）
・このことが、彼らがあまりストレスを感じずに、より長く勉強することを助ける。（支持文）

【第3段落】

On the other hand, sometimes students never stop chatting about things not related to their studies. Once this happens, it's hard for them to get back to their studies. Some students may not understand a subject well and bother their friends by asking many questions. This prevents those who are asked questions from studying for the exams.

段落の内容は次の通りに展開しています。対比を表すディスコースマーカーOn the other hand（一方で）が使われています。

On the other hand（一方で）（第2段落と対立する内容が続くことを示している）
・時々、学生は勉強に関係ないことを話すのをやめない。（支持文）
・一度そうなると、勉強に戻ることは難しい。（支持文）
・一部の学生は科目を良く理解しておらず、多くの質問をすることによって友人の邪魔をする（支持文）
・このことが、質問される人が試験の勉強をすることを妨げる（支持文）

第3段落は、段落の趣旨を簡潔にまとめた主題文が見あたりません。しかし、1文目のOn the other handに注目すると、グループ学習の否定的な面に関する説明が、第3段落の趣旨だと推測できました。

3.抽出したエッセンスを自分の言葉で表現しよう

それでは、抽出したエッセンスを自分の英語で表現していきましょう。

【第1段落】

When preparing for exams, some students prefer to study alone in a quiet place. However, this is not the only way to study. It is also popular among some students to get together at a friend's house or a café and study in groups.

・試験の準備をするときに、一部の学生は静かな場所で1人で勉強することを好む（導入文）
However（しかし）（1文目と対立する内容が続くことを示している）
・それが勉強の唯一の方法ではない（＝他の勉強の仕方もある）。（主題文）
・友人の家やカフェで集まり、グループで勉強することが一部の生徒の間で人気がある。（支持文）

> **Some students prefer to study with their friends.**　　　　　　（8 words）

言い換えは次の通りです。

Theme
2
Theme
3
Theme
4
Theme
5
Theme
6
Theme
7
Theme
8
Theme
9
Theme
10
Theme
11
Theme
12
Theme
13

> · popular among some students　　　　　　　　　→ **Some students prefer**
> · get together at a friend's house or a café and study in groups → **study with their friends**

【第 2 段落】

　　Why do some students choose to study like this? They think that they can learn difficult subjects better by discussing them with their friends. Also, they can talk with their friends during a break and can decrease the stress of preparing for the exams. This helps them to study longer with less stress.

・なぜ学生たちはこのように勉強することを選ぶのでしょうか。（主題文）
・難しい科目を友人と議論することで、より良く学べる。（支持文）
Also（また、同様に）
・休憩中に友人と話し、試験の準備をすることのストレスを減らすこともできる。（支持文）
・このことが、彼らがあまりストレスを感じずに、より長く勉強することを助ける。（支持文）

> **They can understand difficult things better and can also decrease their stress by talking with their friends.**　　　　　　　　　　　　　　　　(17 words)

言い換えは次の通りです。

> · learn → understand
> · difficult subjects → difficult things
> · by discussing them with their friends / talk with their friends
> 　→ by talking with their friends

discuss と talk はどちらも「話す」という行為なので、要約では by talking と一言でまとめています。

【第 3 段落】

　　On the other hand, sometimes students never stop chatting about things not related to their studies. Once this happens, it's hard for them to get back to their studies. Some students may not understand a subject well and bother their friends by asking many questions. This prevents those who are asked questions from studying for the exams.

On the other hand（一方で）（第 2 段落と対立する内容が続くことを示している）
・時々、学生は勉強に関係ないことを話すのをやめない。（支持文）
・一度そうなると、勉強に戻ることは難しい。（支持文）
・一部の学生は科目を良く理解しておらず、多くの質問をすることによって友人の邪魔をする（支持文）
・このことが、質問される人が試験の勉強をすることを妨げる（支持文）

> **They may not concentrate on their studies because they chat too much with their friends. Some students may feel annoyed by many questions from their friends.**
> 　　　　　　　　　　　　　　　　　　　　　　　　　　　(26 words)

言い換えは次の通りです。

- never stop chatting → chat too much
- chatting about things not related to their studies / it's hard for them to get back to their studies → may not concentrate on their studies
- bother their friends → Some students may feel annoyed

第3段落の最終文 This prevents those who are asked questions from studying for the exams (このことが、質問される人が試験の勉強をすることを妨げる) の This は直前の「一部の学生が多くの質問をして友人の邪魔をする」という内容を指しており、要約の Some students may feel annoyed by many questions from their friends (友人からのたくさんの質問によっていらいらする学生もいる) に含まれています。

4.言い換えた文をつなごう

Some students prefer to study with their friends. They can understand difficult things better and can also decrease their stress by talking with their friends. They may not concentrate on their studies because they chat too much with their friends. Some students may feel annoyed by many questions from their friends.　(51 words)

各段落のまとめをつないだ後は、読みやすい英文になるよう修正を加えましょう。2文目はグループ学習の良い面、3文目はグループ学習の悪い面を述べているので、逆接または対比を示すディスコースマーカーを入れましょう。本文中で使われていた On the other hand は避けて、However を使うと良いでしょう。また、3文目と4文目はどちらもグループ学習の悪い面に関するものなので、情報の追加を表すディスコースマーカー Also を入れると良いです。

完成した要約は次のようになります。

【 解答例 】

Some students prefer to study with their friends. They can understand difficult things better and can also decrease their stress by talking with their friends. However, they may not concentrate on their studies because they chat too much with their friends. Also, some students may feel annoyed by many questions from their friends.　(53 words)

日本語訳

一部の学生は友人と勉強することを好みます。彼らは、友人と話すことによって、難しいことをより良く理解したり、ストレスを下げたりすることができます。しかし、彼らは友人と話し過ぎるので、勉強に集中できないかもしれません。また、一部の学生は友人からのたくさんの質問によっていらいらするかもしれません。

次のように、さらにレベルの高い書き方をすることもできます。

グループ学習の良い面については

- understand difficult things better
  → **have a deeper understanding of difficult things**
    （難しいことに対するより深い理解を得る）
- by talking with their friends
  → **through conversations with their friends**
    （友人との会話を通して）

また、グループ学習の悪い面については

may not concentrate on their studies
→ **may not be able to keep their concentration on their studies**
　（勉強に対する集中を維持できないかもしれない）

勉強の集中を妨げる次の2つの要素は

- chat too much with their friends
- many questions from their friends
  → **too much chatting and many questions from their friends**
    （友人からの多すぎる話や質問）

と同じフレーズの中にまとめても良いでしょう。

■━━━━━━■【 解答例2 】■━━━━━━■

Some students prefer to study with their friends. They can have a deeper understanding of difficult things and also relax through conversations with their friends. However, they may not be able to keep their concentration on their studies because of too much chatting and many questions from their friends.

(49 words)

日本語訳

一部の学生は友人と勉強することを好みます。彼らは、友人との会話を通して、難しいことに対するより深い理解を得たり、リラックスしたりすることができます。しかし彼らは、話し過ぎや、友人からのたくさんの質問により、勉強に対する集中を維持できないかもしれません。

vocabulary

□ **prepare**「～の準備をする」
□ **prefer to** *do*「～することをより好む」
□ **choose to** *do*「～することを選ぶ」
□ **break**「休憩時間」
□ **related**「関係している」
□ **bother**「～の邪魔をする」
□ **those who ～**「～する人々」
□ **concentrate on ～**「～に集中する」
□ **a deeper understanding**「より深い理解」
□ **concentration**「集中」

□ **exam**「試験」
□ **quiet**「静かな」
□ **discuss**「～について議論する」
□ **chat**「話す」
□ **once**「一度～すると」
□ **prevent** *A* **from** *doing*「Aが～することを妨げる」
□ **decrease**「～を減らす」
□ **feel annoyed**「いらいらする」
□ **through**「～を通して」

英作文の点数を安定させるためには、自在に使えるフレーズを増やしておくことが大切です。リーディングやリスニングの問題で出てきた表現でも、ライティングで使えそうだと思ったらメモしておきましょう。何度も音読したり書いたりするようにしておくと、表現がスムーズに出てくるようになります。

Chapter
2

話

Speaking

- ポイント解説
- トレーニング問題

面接の全体の流れをおさえよう！

Point 面接試験で必ずおさえておきたいこと

○フルセンテンスで答える！
主語と動詞を必ず入れて答えましょう。

○日本語は使わない！
日本語を使ったら自動的に減点です。絶対に避けましょう。ただし、英語になっている日本語や、日本語の後に英語で説明を加えるのはOKです。
（例）
　　　○I like sushi.
　　　×I like *okonomiyaki*.
　　　○I like *okonomiyaki*, a Japanese pancake.

○態度点は確実に取る！
面接では、面接官と積極的にコミュニケーションをとろうとする態度も評価の対象になります。「無言にならないこと」や「自然な応答」「発言の聞きやすさ」が重要です。やる気を見せようと、必要以上に大声で話す必要はありません。

○聞き取れなければ聞き直そう！
自然なタイミングなら、それぞれの問いに対し1回聞き返しても減点されません。

> Sorry?
> Pardon?
> Can you say that again?

などの表現を使えるようにしておきましょう。長い時間考えてから聞き直すと減点されてしまうので、**わからなかったら長考せず聞き直しましょう。ただし、2回聞き直すと減点されてしまいますので注意してく**ださい。

面接の流れを確認

Track 1

（面接官）

Hello. May I have your card, please?
こんにちは。カードをいただけますか？

（受験者）

Here you are.　〈examinee card を渡す〉
どうぞ。

Thank you.
ありがとうございます。

〈着席する〉

My name is XXX. May I have your name, please?
私の名前はXXXです。お名前を伺えますか？

My name is YYY.
私の名前はYYYです。

This is the Grade 2 test, OK?
これは2級のテストです。いいですか？

OK.
はい。

Can you hear me clearly?
私の声がはっきり聞こえますか？

Yes.
はい。

All right. Mr. / Ms. YYY, how are you?
ではYYYさん、調子はどうですか？

I'm fine. / I'm a little nervous.
元気です。/ 私は少し緊張しています。

Let's begin the test. Here's your card.
テストを始めましょう。あなたのカードです。

Thank you. 〈問題カードを受け取る〉
ありがとうございます。

Please read the passage silently for 20 seconds.
文章を20秒間黙読してください。

OK. 〈20秒の黙読〉
わかりました。

Please read it aloud.
声に出して読んでください。

OK. 〈音読をする〉
わかりました。

Now, I'll ask you four questions.
では、4つの質問をします。

OK.
わかりました。

No. 1　According to the passage, ...?
No. 1　この文章によると、…？

〈書かれている情報に基づき解答する〉

No. 2　Now, please look at the picture and describe the situation. You have 20 seconds to prepare. Your story should begin with the sentence on the card.
No. 2　では、絵を見て状況を説明してください。準備時間は20秒です。あなたのストーリーはカードに書いてある文から始めてください。

〈20秒の準備時間〉

Please begin.
始めてください。

〈3コマ漫画の描写〉

Now, Mr. / Ms. YYY, please turn over the card and put it down.
では、YYYさん、カードを裏返して置いてください。

OK. 〈カードを裏返して置く〉
わかりました。

No. 3　What do you think ...?
No. 3　…。どう思いますか。

I agree. / I disagree.
賛成です。/ 反対です。

Why? / Please tell me more. など　〈それぞれの場合で理由が問われる〉
なぜですか？/ 詳しく教えてください。

〈自分の意見を述べる〉

No. 4　Do you think ...?
No. 4　あなたは…と思いますか。

Yes. / No.
はい / いいえ

Why? / Why not? など 〈Yes. / No. それぞれの場合で理由が問われる〉
なぜですか？／なぜそう思わないのですか？

 〈自分の意見を述べる〉

 This is the end of the test. May I have the card back, please?
これでテストは終わりです。カードをお返ししてもらってよろしいですか。

 Here you are. 〈問題カードを戻す〉
はい、どうぞ。

 You may go now. Good-bye.
退室してください。さようなら。

 Bye. 〈あいさつをして退出する〉
さようなら。

Memo

面接全体の配点は以下のようになっています。

・音読問題：5 点
・描写問題：10 点（内容 5 点、語彙・文法 5 点）
・応答問題 1、3、4：15 点（5 点×3 問）
・態度点：3 点

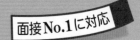
音読問題と応答問題（No.1）をおさえよう！

音読問題

Point① 2級の音読問題はどんな問題？

○カードの上部に書いてあるパッセージの音読

問題カードを渡されてから、20秒間黙読の時間が与えられます。その間に内容をつかみ、抑揚をつける箇所を考えておきましょう。

○パッセージの分量：4〜5文程度

Point② 2級の音読問題の攻略方法とは？

○意味の区切りをきちんと理解して音読する

ここが最も大事。意味がわかっていないと文を正しく区切って読むことはできません。多くの受験者が個々の単語の発音を意識するだけで、区切りを無視しています。**意味のカタマリを意識して**読みましょう。

○語句の発音を確認

黙読時間には、読み間違えそうな単語もチェックします。発音がわからないものは、つづりから推測して読みましょう。わからないからといってそこで止まってしまうと、減点されてしまう可能性があります。

次の例題に取り組んでみましょう。

Disasters and Pets

Pets are usually regarded as important members of families. However, when natural disasters occur, it can be difficult to find places where people and pets can stay together. Some local governments provide these places, and in this way they allow people to look after their pets during emergencies. Such places are likely to become more and more common in the future.

（2023年度第1回B日程）

解説

1. 意味のカタマリで区切る

Pets are usually regarded / as important members of families. //

However, / when natural disasters occur, / it can be difficult / to find places / where people and pets can stay together. //

Some local governments provide these places, / and in this way / they allow people to look after their pets / during emergencies. //

Such places are likely to become / more and more common / in the future.

カンマの後ろ、関係詞や接続詞の前、**to**不定詞の前、前置詞の前などを目安に区切りましょう。また、カタマリが長い場合は主語と動詞の間、動詞と目的語の間も区切ることができます。

2. 強く読む語と弱く読む語

次の強く読む語と弱く読む語をそれぞれ意識しましょう。

> **Key**
>
> 強く読む語：名詞・動詞・動名詞・不定詞・形容詞・副詞・否定語
> 弱く読む語：be動詞・代名詞・関係詞・冠詞・接続詞・助動詞・to不定詞のto・前置詞

例題の1文目を品詞ごとに区切ると次のようになります。

Pets	**are**	**usually**	**regarded**	**as**	**important**	**members**	**of**	**families.**
名詞	be動詞	副詞	動詞	前置詞	形容詞	名詞	前置詞	名詞

意味の区切りと強弱を組み合わせると、次のようになります。●をつけた語を強く読みます。

Pets are **u**sually re**gard**ed / as im**port**ant **mem**bers of **fam**ilies. //

How**ev**er, / when **nat**ural di**sas**ters oc**cur**, / it can be **diff**icult / to **find plac**es / where **peo**ple and **pets** can st**ay** to**geth**er. //

Some **lo**cal **gov**ernments pro**vide** these **plac**es, / and in this **way** / they all**ow peo**ple to **look** after their **pets** / during e**mer**gencies. //

Such **plac**es are **like**ly to be**come** / **more** and **more co**mmon / in the **fu**ture.

こうした意味の区切りと強弱をつけられるようになると、自然な英語を話すことができるようになります。最初は大変かもしれませんが、意識して練習しましょう。音の連結を意識する人は多いですが、弱音がくっつきやすいということを意識していない人が多いです。以下に例を挙げています。

> （例1）regarded as important　リガーディダズィンポータント
> （例2）and in　アンディン
> （例3）places are　プレイシズア
> （例4）common in　カモニン

3. イントネーション

イントネーションは主節の主語の前で上げるようにしましょう。in this wayは主節の主語の前なので上げます。イントネーションを上げることが、「まだ後ろに続くよ」という合図になります。

Pets are usually regarded / as important members of families. //

However, / when natural disasters occur, / it can be difficult / to find places / where people and pets can stay together. //

Some local governments provide these places, / and in this way /

they allow people to look after their pets / during emergencies. //

Such places are likely to become / more and more common / in the future.

【 解答例 】

Disasters and Pets

Pets are usually regarded / as important members of families. //

However, / when natural disasters occur, / it can be difficult / to find places / where people
and pets can stay together. //

Some local governments provide these places, / and in this way / they allow people to look
after their pets / during emergencies. //

Such places are likely to become / more and more common / in the future.

※解答音声は区切って読まれるものとナチュラルスピードのものが順に流れます。両方の音声を聞いて練習しましょう。

日本語訳

災害とペット

ペットはたいてい、重要な家族とみなされます。しかし、自然災害が起こったとき、人とペットが一緒にいられる場所を見つけるのは難しい可能性があります。地方自治体によってはこういった場所を提供しています。そして、これにより人々が緊急時にペットを世話することを可能にしています。将来そういった場所はますます一般的になるでしょう。

vocabulary

- □ **regard** *A* **as** *B*「AをBとみなす」
- □ **occur**「起こる」
- □ **allow** *A* **to** *do*「Aが〜するのを可能にする」
- □ **emergency**「緊急事態」
- □ **common**「ありふれた」

- □ **disaster**「災害」
- □ **local government**「地方自治体」
- □ **look after** 〜「〜の世話をする」
- □ *be* **likely to** *do*「〜するだろう」

Point① 応答問題（No.1）はどんな問題？

○問題カードに書いてあるパッセージを音読した後で、パッセージの内容について質問されます。

○質問文は1文で、**According to the passage（文章によれば）**から始まります。

Point② 応答問題（No.1）の攻略方法とは？

○**質問に的確に返答する**

質問とまったく関係ないことを答えてしまう受験者が意外と多いです。**質問の意味をきちんと理解して、答えに関係ある部分をパッセージの中から見つけましょう。**質問されてからその部分を一生懸命探す人が多いのですが、音読するときに意味を理解しながら読んでいれば、すぐに発見できます。**いかに意味を把握して読んでいるかが重要**になるわけです。

○**代名詞を使う**

カードに書いてあることをそのまま読んでも正解にはなりません。**文中に出てくる名詞を必要に応じて代名詞に変える**ことを忘れないでください。

○**フルセンテンスで答える**

名詞だけ・動詞だけといった答え方をせず、主語と動詞を含む文にして答えましょう。ただし、以下の例題のようにHowに対する解答だけは、By *do*ing ... という形で答えることができます。

○**情報を照らし合わせる**

1文を見ただけでは答えは出せません。**複数の文を照らし合わせて解答の文を作り上げます。**詳しくは次の問題の解説を参照してください。

では、例題に取り組んでみましょう。

Disasters and Pets

Pets are usually regarded as important members of families. However, when natural disasters occur, it can be difficult to find places where people and pets can stay together. Some local governments provide these places, and in this way they allow people to look after their pets during emergencies. Such places are likely to become more and more common in the future.

No. 1
According to the passage, how do some local governments allow people to look after their pets during emergencies?

（2023年度第1回B日程）

※実際の面接では、質問文は問題カードに書かれていません。

文章の中に質問文の表現が出てくるのは

  in this way they allow people to look after their pets during emergencies

の部分です。でも、これだけではin this way「この方法で」が何を指しているのかわかりません。前部を見ると、指しているのはprovide these placesだとわかります。

しかし、these places「これらの場所」がこれだけではどこのことなのかがわかりません。そこで前文の情報を見ます。するとplaces where people and pets can stay togetherを指しているとわかります。このように前文の情報と照らし合わせて答えを導き出すのがこの問題のポイントです。

---

it can be difficult to find **places where people and pets can stay together.**
‖
Some local governments provide **these places** , and in this way they allow

people to look after their pets during emergencies.

この複数箇所を照らし合わせて

  By providing places where people and pets can stay together.

という解答を作り上げます。フルセンテンスで解答する場合は、some local governmentsが質問文にすでに出てきているので、代名詞のTheyに変えなくてはなりません。

よって、**They provide places where people and pets can stay together.** とする必要があります。

in this way「このように」や**by doing so**「そうすることによって」は解答のヒントになることが多いです。

また、代名詞にtheseやsuchなどがついている場合、前文との照らし合わせに関係することが多いです。ただし、今回のようにtheseもsuchも出てくることがあるので、きちんと意味を考えて該当箇所を見つけましょう。

【 解答例 】

According to the passage, how do some local governments allow people to look after their pets during emergencies?

  By providing places where people and pets can stay together.
  They provide places where people and pets can stay together.

日本語訳

文章によると、地方自治体はどのように緊急時に人々がペットを世話するのを可能にしていますか。
  人とペットが一緒にいられる場所を提供することによってです。
  それらは人とペットが一緒にいられる場所を提供しています。

---

vocabulary

□ **according to the passage**「文章によると」   □ **by** *doing* 〜「〜することによって」

トレーニング問題

音読問題と応答問題（No.1）にチャレンジしてみましょう。
まずは、書かれた英文を音読し、その後で音声を流し、聞こえてきた質問に答えましょう。
答えられたら、次のページの解説を読んで自分の解答と比べてみましょう。

Used Computers

These days, the number of shops selling used computers has been increasing. These computers seem attractive because they are much cheaper than new computers. However, there is the danger that used computers will not work properly. Some consumers are concerned about this danger, and as a result they avoid buying used computers. People should think carefully before they purchase used products.

（2023年度第1回A日程）

音読問題

ポイント解説の注意事項をふまえ、意味のカタマリで区切って音読しましょう。

Used Computers

These days, / the number of shops / selling used computers / has been increasing. //

These computers seem attractive / because they are much cheaper / than new computers. //

However, / there is the danger / that used computers will not work properly. //

Some consumers are concerned / about this danger, / and as a result / they avoid buying used computers. //

People should think carefully / before they purchase used products.

□ used「中古の」
□ these days「最近」
□ attractive「魅力的な」
□ much＋比較級「ずっと〜」
□ danger「危険性」
□ work「機能する」
□ properly「適切に」
□ consumer「消費者」
□ *be* concerned about 〜「〜を心配する」
□ as a result「その結果」
□ avoid *doing*「〜するのを避ける」
□ purchase「〜を購入する」

応答問題

応答問題の質問文は以下のように読まれました。

No. 1
According to the passage, why do some consumers avoid buying used computers?

それでは解答を作っていきましょう。今回の問題のように質問に出てくる疑問詞はhowとは限りません。どんな質問にも答えられるようにしておきましょう。
文章中でこの質問の表現が出てくる部分はas a result they avoid buying used computersです。as a result「その結果」があるので、その前に原因があるとわかります。そこにはSome consumers are concerned about this dangerとあります。しかし、this danger「この危険」というのが何なのかは、この文だけではわかりません。前文を見るとthe danger that used computers will not work properlyを指しているとわかります。

there is the danger that used computers will not work properly .

Some consumers are concerned about this danger ,

and as a result they avoid buying used computers.

Some consumersは設問中に出てきているので代名詞のtheyに変え、becauseから始め、

Theme 1
Theme 2
Theme 3
Theme 4
Theme 5
Theme 6
Theme 7
Theme 8
Theme 9
Theme 10
Theme 11
Theme 12
Theme 13

Because they are concerned about the danger that used computers will not work properly.
とすれば正解です。

No. 1の応答問題は、前文中のどこからどこまでが対応箇所なのかを見抜かなければならないので厄介です。今回のように文末まで対応箇所がある場合は良いのですが、文の途中までという場合もあるので注意しましょう。例えば、

> The danger that used computers will not work properly is understood.
> 「中古のコンピュータが適切に機能しないという危険性が理解されている。」

となっていたらis understoodまで読んではいけません。

【 解答例 】 Track 6

Used Computers

These **days**, / the **num**ber of **shops** / **sell**ing **u**sed com**put**ers / has been in**creas**ing. //

These com**put**ers **seem** att**rac**tive /

be**cause** they are **much cheap**er / than **new** com**put**ers. //

How**ev**er, / there is the **dan**ger / that **u**sed com**put**ers will **not work prop**erly. //

Some con**sum**ers are con**cerned** / about this **dan**ger, / and as a re**sult** / they a**void buy**ing **u**sed com**put**ers. //

People should **think care**fully / before they **pur**chase **u**sed **prod**ucts.

※解答音声は区切って読まれるものとナチュラルスピードのものが順に流れます。両方の音声を聞いて練習しましょう。

No. 1
According to the passage, why do some consumers avoid buying used computers?
—Because they are concerned about the danger that used computers will not work properly.

日本語訳

中古のコンピュータ

最近中古のコンピュータを販売する店の数が増えてきています。これらのコンピュータは新品よりもずっと安いので魅力的なようです。しかし、中古のコンピュータは適切に機能しない危険性があります。消費者の中にはこの危険性を心配している人もいます。そしてその結果、彼らは中古のコンピュータの購入を控えています。人々は中古品を買う前によく考えるべきです。

No.1
この文章によれば、なぜ消費者の中には中古のコンピュータを購入するのを控えている人がいるのですか。
　中古のコンピュータが適切に機能しないという危険性を心配しているから。

絵の描写問題（No.2）をおさえよう！

Point① 2級の絵の描写問題 (No.2) はどんな問題？

○3コママンガのストーリーを描写する問題。
○20秒間ストーリーを確認する時間が与えられ、そのあと1コマずつストーリーを説明します。

Point② 2級の絵の描写問題 (No.2) の攻略方法とは？

描写問題を苦手とする人はとても多いです。それには、「絵のどこを描写したらいいのかわからない」「描写したくても英語で何と言っていいかわからない」という原因が挙げられます。この問題ではやみくもに描写すればよいのではなく、得点に結びつくポイントを適切に描写することが大切です。

○描写ポイントを絶対に落とさない

描写ポイントは1コマ目に1つ、2コマ目に2つ、3コマ目に2つあります。与えられた20秒間でどういった話なのかを理解し、話のポイントをつかみましょう。詳しくは次ページの解説を参照してください。

○時制は必ず過去形、過去進行形を使う

3級、準2級では動作を現在進行形で表しますが、2級の絵の描写問題では、過去形と過去進行形で動作を表します。

○「〜と思っていた」「〜と話していた」を必ず英語で言えるようにする

吹き出しで登場人物の考えていることや話していることの描写が多いので、「〜と思っていた」「〜と話していた」という英語表現は絶対に使えるようにしておきましょう。

これらに注意して次の例題に取り組んでみましょう。

Your story should begin with this sentence: **One day, Mr. and Mrs. Mori were on vacation near the beach.**

（2023年度第1回B日程）

（1 コマ目）

> One day, Mr. and Mrs. Mori were on vacation near the beach. Mr. Mori said to his wife, "Let's take a boat tour tomorrow."

1 コマ目は必ず絵の上にある部分から始めます。今回は One day, Mr. and Mrs. Mori were on vacation near the beach. です。そして、残る描写ポイントは 1 つです。それは「**誰が/誰に向けて/何と言っているか**」です。「誰が / 誰に向けて」は、絵を見ればわかります。「何と言っているか」は、吹き出しの中に書いてあります。よって、

> Mr. Mori said to his wife, "Let's take a boat tour tomorrow."

とすれば描写ポイントはクリアです。

Key

1 コマ目の描写の流れ

絵の上に書かれた太い字の 1 文を読む。
↓
「*A* said to *B*, "吹き出しの中のセリフ."」を続ける。

（2 コマ目）

> The next morning on the boat, Mr. Mori was taking pictures of birds. Mrs. Mori was worried that he would drop his camera into the sea.

まず、矢印内に The next morning on the boat と書かれているのを読みます。こうすることで面接官は次のコマに進んだことがわかります。矢印の部分には時間や場所が書かれています。
男性は鳥の写真を撮っているので

> Mr. Mori was taking pictures of birds.

とすれば大丈夫です。seagull「かもめ」は難しいですから bird「鳥」と、答えられる単語で話すことが大事です。そして動詞の時制を過去進行形にすることを忘れないようにしましょう。女性は男性がカメラを落とさないか心配しているので、

> Mrs. Mori was worried that he would drop his camera into the sea.

としましょう。
「思っていた」を表す場合は was thinking が使えます。

> Mrs. Mori was thinking that he might drop his camera into the sea.
> 「モリさんは彼がカメラを海に落とすかもしれないと思っていました」

このようにすることもできます。

（3 コマ目）

> That night at home, Mrs. Mori was sleeping in the bed. Mr. Mori was thinking of turning off the light.

次のコマに移るので、矢印内にある That night at home から始めます。女性はベッドで寝ているので

> Mrs. Mori was sleeping in the bed.

とすれば良いでしょう。
次に男性は電気を消そうとしているので

    Mr. Mori was thinking of turning off the light.

とすればOKです。was thinking that を使う場合は次のようになります。

    Mr. Mori was thinking that he would turn off the light.
    「モリさんは電気を消そうと思っていました」

Key

思考に関する重要表現

was thinking of *do*ing	(〜することを考えていた)
was thinking that *A* would *do*	(Aが〜するだろうと考えていた)
was thinking that *A* should *do*	(A が〜すべきだと考えていた)
was worried that *A* would *do*	(Aが〜すると心配した)
was looking forward to *do*ing	(〜するのを楽しみにしていた)

【 解答例 】

One day, Mr. and Mrs. Mori were on vacation near the beach. Mr. Mori said to his wife, "Let's take a boat tour tomorrow." The next morning on the boat, Mr. Mori was taking pictures of birds. Mrs. Mori was worried that he would drop his camera into the sea. That night at home, Mrs. Mori was sleeping in the bed. Mr. Mori was thinking of turning off the light.

日本語訳

ある日、モリ夫妻は海辺で休暇を過ごしていました。モリさんは夫人に「明日はボートツアーに行こう」と言いました。翌朝、ボートの上でモリさんは鳥の写真を撮っていました。モリ夫人は彼がカメラを海に落としてしまわないか心配していました。その夜家で、モリ夫人はベッドで寝ていました。モリさんは電気を消そうと考えていました。

便利な表現

● take a picture of 〜　〜の写真を撮る
● turn off　〜の電源を切る

攻略方法を確実におさえて、次のページのトレーニング問題に進みましょう。

トレーニング問題

目標解答時間 **5分**

絵の描写問題（No. 2）にチャレンジしてみましょう。

20秒間、絵の内容を確認し、そのあとで1コマずつストーリーを説明しましょう。答えた内容は録音しておき、次のページの解説の内容と比べてみましょう。

Your story should begin with this sentence: **One day, Mr. and Mrs. Takeda were talking about going shopping.**

（2023年度第1回A日程）

【 解答例 】

One day, Mr. and Mrs. Takeda were talking about going shopping. Mr. Takeda said to his wife, "Let's go to the secondhand clothing store." The next day at the store, Mr. Takeda was putting a hat into a shopping basket. Mrs. Takeda was trying on a coat. A few weeks later, Mrs. Takeda was surprised to find a hole in the coat. Mr. Takeda said that he would sew it.

解説

（1コマ目）

One day, Mr. and Mrs. Takeda were talking about going shopping. Mr. Takeda said to his wife, "Let's go to the secondhand clothing store."

まずは与えられた文を読み、「タケダさんが奥さんに～と言った」と描写します。1コマ目は非常に簡単です。

□ secondhand「中古の」
□ clothing「服」

（2コマ目）

The next day at the store, Mr. Takeda was putting a hat into a shopping basket. Mrs. Takeda was trying on a coat.

まず矢印の部分を読みます。続いて男性が「買い物かごに商品を入れている」ことを過去進行形で描写します。**put _A_ into _B_「AをBに入れる」**、**take _A_ out of _B_「AをBから取り出す」**は頻出です。女性はコートを試着しているのでtry on「～を試着する」の過去進行形を使って表します。

メガネや帽子の試着や「身につけている最中」を表す絵は頻出です。

・**was putting on**　　～を身につけている最中だった
・**was wearing**　　　～を身につけている状態だった

後者ではなく前者を使って答えなければならない絵は頻出です。

□ put _A_ into _B_「AをBに入れる」
□ try on「～を試着する」

（3コマ目）

A few weeks later, Mrs. Takeda was surprised to find a hole in the coat. Mr. Takeda said that he would sew it.

女性は、コートにある穴を見つけて驚いています。よって、was surprised to find「～を見つけて驚いた」と描写します。男性の吹き出しの中ではコートを縫っているので、「縫うと言った」とすればOKです。過去から見た未来なのでwouldを使って表します。sew「～を縫う」の代わりにfix「～を直す」を使うこともできます。

□ _be_ surprised to _do_「～して驚く」

Theme 1
Theme 2
Theme 3
Theme 4
Theme 5
Theme 6
Theme 7
Theme 8
Theme 9
Theme 10
Theme 11
Theme 12
Theme 13

Key

発言に関する重要表現

told *A* that *B* would *do*	（Aに、Bは〜すると言った）
said to *A* that *B* would *do*	（Aに、Bは〜すると言った）
told *A* to *do*	（Aに〜するように言った）
told *A* that *A* should *do*	（Aに〜すべきだと言った）
asked *A* to *do*	（Aに〜するよう頼んだ）
suggested that *A do*	（Aに〜するよう提案した）

日本語訳

ある日、タケダ夫妻が買い物に行こうと話していました。タケダさんは奥さんに、「古着屋に行こう」と言いました。翌日、店でタケダさんは帽子を買い物かごに入れていました。タケダ夫人はコートを試着していました。数週間後、タケダ夫人はコートに穴が開いているのを見つけて驚きました。タケダさんはそれを縫うと言いました。

発言に関する重要表現は
しっかり覚えておきましょう。

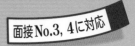

応答問題(No.3, No.4)をおさえよう!

Point① 2級の応答問題 (No. 3, No. 4) はどんな問題?

○あるテーマに対する意見に答える問題

・No. 3では、まず面接官が「(ある事柄について)〜と言う人がいます」のように、1つの意見を紹介します。
続いて What do you think about that? のように、それに対する受験者の意見を聞かれるので、
I agree. / I disagree. で賛成か反対かを述べます。そしてその後に、そう思う理由を**2文**で答えます。

> **No. 3**
> ... What do you think about that?
> →I agree. +○○○. +○○○.
> →I disagree. +○○○. +○○○.

・No. 4では、面接官が別の事柄についての意見を紹介します。今度はその後でDo you think 〜?のよう
なYes / No疑問文の質問があるので、Yes. / No.を使って答え、その後でそう思う理由を**2文**で述べます。

> **No. 4**
> ... Do you think ...?
> →Yes. +○○○. +○○○.
> →No. +○○○. +○○○.

Point② 2級の応答問題 (No. 3, No. 4) の攻略方法とは?

○確実に質問を聞き取り、関連することを答える

質問を聞き取れない受験者が多いので、きちんと**リスニング力をつけておくこと**が大前提です。

○2文述べること

I agree. / I disagree.やYes. / No.の後ろは2文を入れて答えましょう。
主なパターンとしては以下の3つが挙げられます。

> パターン① 理由1+理由2
> パターン② 理由+詳細・具体例
> パターン③ 理由+結果 (だから〜すべきだ・だからこうなる)

このパターンのどれかで答えられるようにしましょう。

○自分の好みや経験だけを理由にすると点にならない

例えばNo. 4の問題で、Do you think more people will have pets in the future? (将来、もっと多くの人が
ペットを飼うと思いますか)と問われた場合に、No. I hate animals. This is because a dog bit me. (いいえ。
動物が嫌いです。犬にかみつかれたからです)のように、自分の好みや経験だけで答えてはいけません。
ただし、

No. Some pets are dangerous. For example, my dog sometimes bites me.
(いいえ。危険なペットもいます。例えば、うちの犬はときどき私にかみつきます)
のように、一般論を述べた後に自分の経験を例として入れるのはOKです。
これらに注意して次の例題に取り組んでみましょう。

No. 3

Some people say that the number of pet cafés that allow people to play with animals will increase in the future. What do you think about that?

No. 4

Nowadays, many people share information about their daily lives online. Do you think people are careful enough about putting their personal information on the Internet?

※実際の面接ではこれらの質問文は書かれていません。

(2023 年度第 1 回 B 日程)

【 解答例 】

No. 3

— I agree. Some people can't keep pets in their apartments. So more people will visit pet cafés to interact with the animals.

— I disagree. It costs pet cafés a lot to keep many pets. Also, more and more people are becoming allergic to animals.

No. 4

Yes. → Why?

— A lot of people know sharing information is dangerous. For example, many schools teach students the consequences of doing that.

No. → Why not?

— Many people put their personal pictures on social media without caring about the results. This may lead to crimes such as stalking.

解説

No. 3

質問はペットカフェが将来増えるかどうかです。賛同の解答では、ペットを飼うことができない人がいることに触れ、それが原因でペットカフェを訪れるという起こりうる結果を述べています。「**理由＋結果**」という形で表しています。この解答方法はぜひ知っておきましょう。

反対の意見の方では、多くのペットを飼うのにはペットカフェにとってたくさんのお金がかかるという、お金を理由に挙げています。その後、ますます多くの人が動物アレルギーになってきているという 2 つ目の理由を挙げています。

理由が浮かばないときは、お金や時間などのアイディアを出せるよう練習しておきましょう。
次のページに具体例を紹介しています。これらはライティングにも活かすことができます。

理由が思い浮かばなかったときの切り口

便利・不便：〜 is useful

Paper maps are very useful.（紙の地図はとても便利）

　→We can use them without the Internet.（インターネットがなくても使えるから）

効率：〜 is efficient

Studying early in the morning is very efficient.（朝早くに勉強するのはとても効率的）

　→We can study in a quiet time of the day.（周りが静かな中で勉強できるから）

時間：〜 saves / takes a lot of time

Shopping online saves a lot of time.（ネットで買い物するのは時間の節約）

　→We don't need to go to a store.（お店に行く必要がないから）

費用：〜 saves / wastes money

Wearing a school uniform saves money.（制服を着ることはお金の節約）

　→We don't need to buy many clothes.（服をたくさん買わなくてよいから）

健康：〜 is good / bad for health

Using a smartphone is bad for our health.（スマートフォンを使うことは健康に悪い）

　→It's bad for our eyes.（目に悪いから）

環境：〜 is good / bad for the environment

Using plastic bags is bad for the environment.（ビニール袋を使うことは環境に悪い）

　→It increases the amount of waste.（ごみの量が増えるから）

他のアイディアを以下に挙げます。

・家でペットを飼えないからという理由のところには

　Some houses are too small.　「ペットを飼うには小さすぎる家もあります」

　Pets may damage houses.　「ペットは家を傷つけるかもしれません」

と述べることもできます。ペットは頻出のトピックなので、覚えておきましょう。

・ペットカフェが増えない理由として

　Some animals may be dangerous.「危険な動物もいます」

　Some animals are noisy.　「うるさい動物もいます」

などと言うこともできるでしょう。ペットと同様に動物も本当によく出題されるトピックです。

No. 4

質問は人々が個人情報をネット上にあげるのに十分注意していると思うかに関してです。

賛同の方の答えでは、多くの人が情報を共有するのが危険だと知っているという理由を述べた後に、具体例として、学校がそのこと（ネットに個人情報を共有する結果）について教えていると述べています。王道の**「理由＋具体例」**の解答パターンです。

反対の方は、多くの人が結果を気にしないでSNSに個人的な写真を載せてしまっていることを述べ、その後に

これが犯罪につながるかもしれないという**「理由＋結果」の形**で答えています。
インターネットやパソコン・タブレット・スマートフォンは頻出のトピックです。

他のアイディアを以下に挙げます。

- ・Technology for protecting information is advancing.「情報を守るためのテクノロジーは進歩しています」
- ・People trust others too much. 「人々は他人を信じすぎです」
- ・People trust social media sites too much.「人々はSNSを信用しすぎです」
- ・Their information can be used for crimes.「彼らの情報は犯罪に使われる可能性があります」

日本語訳

No. 3
人々が動物と遊ぶことを可能にするペットカフェの数は将来増えると言う人々がいます。あなたはどう思いますか。

　そう思います。マンションでペットを飼えない人もいます。だから、動物と触れ合うためにペットカフェを訪れる人が増えるでしょう。

　そうは思いません。多くのペットを飼うのにペットカフェにはたくさんのお金がかかります。また、動物アレルギーの人も増えてきています。

No. 4
最近、多くの人は日常生活についての情報をオンラインで共有しています。人々は個人情報をインターネットにあげることに関して十分に注意していると思いますか。

はい→なぜですか
　情報の共有が危険であることは、多くの人が知っています。例えば、多くの学校では、そのようなことをした場合の結果を生徒に教えています。

いいえ→なぜですか
　多くの人が、結果を気にすることなくSNSに個人的な写真を載せています。これはストーカー行為などの犯罪につながる可能性があります。

vocabulary

No. 3

□ **keep a pet**「ペットを飼う」

□ **it costs A お金 to do**「〜するのにAにお金がかかる」

□ **interact with 〜**「〜と触れ合う」

□ **allergic to 〜**「〜にアレルギーがある」

No. 4

□ 形容詞／副詞 **enough**「十分に〜」

□ **personal information**「個人情報」

□ **social media**「SNS」

□ **lead to 〜**「〜につながる」

□ **stalking**「ストーカー行為」

□ *be* **careful about 〜**「〜に注意する」

□ **consequence**「結果」

□ **care about 〜**「〜を気にする」

□ **such as 〜**「〜のような」

応答問題 (No. 3とNo. 4) にチャレンジしてみましょう。
音声を聞き、聞こえてきた質問に対してagree / disagree またはYes / Noを用いて
答えましょう。答えた内容は録音しておいて次のページの解答例と比べて確認しま
しょう。

No. 3 （音声を聞いて質問に答えましょう）

No. 4 （音声を聞いて質問に答えましょう）

（2023年度第1回A日程）

No. 3

Some people say that, because of computers, people spend too much time alone. What do you think about that?

No. 4

Today, many kinds of supplements, such as vitamins and minerals, are sold in stores. Do you think it is a good idea for people to take such supplements?

【 解答例 】

No. 3

— I agree. Most people don't talk with others when using computers. We should communicate with others directly more.

— I disagree. Computers help us socialize with others. For example, many people use social media or play online games with their friends.

No. 4

Yes. → Why?

— Some people have difficulty getting proper nutrition just by eating food. For instance, vegetarians need to take supplements to stay healthy.

No. → Why not?

— Supplements are usually expensive. Also, it is sometimes hard to absorb all the vitamins and minerals from supplements.

解説

No. 3

質問はコンピュータが原因で人々が多くの時間を1人で過ごすようになっていることに関してです。

賛同の意見の方は、コンピュータを使っているときに人々が話さないという理由と、直接他人ともっと話すべきだという意見を加えて答えています。アイディアが浮かばなかったときはこの「〜すべきだ」というのがとても役に立ちます。

反対の意見の方は、逆にコンピュータによって他人と関わることができるという理由を挙げています。その後で、SNSやオンラインゲームで他人と関わっている人が多くいるという例を挙げています。

他のアイディアを以下に挙げます。

・Because computers have become common, many people have stopped going out.
「コンピュータが一般的になったことにより、多くの人々は外に出なくなりました」

・Technology helps us keep in touch with others.
「テクノロジーは他人と連絡を取り合うのに役立ちます」

---

vocabulary

□ **because of ～**「～が原因で」

□ **socialize with ～**「～と交流する」

□ **have difficulty** *doing*「～するのに苦労する」
□ **proper**「適切な」
□ **nutrition**「栄養素」
□ **vegetarian**「ベジタリアン」

□ **absorb**「～を吸収する」

□ **keep in touch with ～**「～と連絡を取り合う」

Theme 1
Theme 2
Theme 3
Theme 4
Theme 5
Theme 6
Theme 7
Theme 8
Theme 9
Theme 10
Theme 11
Theme 12
Theme 13

No. 4

質問はサプリメントを摂取するのは良いことだと思うかを尋ねています。
賛同している解答では、食べるだけでは栄養がきちんと取れない人がいることを
理由に挙げ、次の文でベジタリアンを例に挙げています。

反対意見の解答では、サプリメントの値段が高いという理由と、ビタミンやミネラルをサプリメントから吸収するのは難しい場合があるという2つ目の理由を述べています。

他のアイディアを以下に挙げます。

【賛成側の意見】

・Supplements are convenient because we sometimes don't have time to eat.
「私たちは食事をする時間がない場合もあるので、サプリメントは便利です。」

・Supplements can last longer than food. We don't even need refrigerators.
「サプリメントは食事よりも長持ちします。冷蔵庫さえ必要ありません。」

【反対側の意見】

・There are a lot of misleading supplements on the market.
「市場には誤解を招くようなサプリメントがたくさんあります。」

・Too many supplements may harm our body.
「サプリメントを摂取しすぎると私たちの体に害を与えるかもしれません。」

vocabulary

□ **last**「続く」

□ **misleading**「誤解を招く」

日本語訳

No. 3

コンピュータのせいで人々は1人で過ごす時間が長すぎると言う人がいます。あなたはどう思いますか。

　そう思います。ほとんどの人はコンピュータを使っているときに他人と話をしません。もっと他人と直接コミュニケーションを取るべきです。

　そうは思いません。コンピュータは私たちが他人と交流するのに役立っています。例えば、多くの人がSNSを使ったり、友達とオンラインゲームをしたりしています。

No. 4

現在、ビタミンやミネラルといった多くのサプリメントがお店で売られています。人々がそういったサプリメントを摂取するのはいいことだとあなたは思いますか。

はい→なぜですか
　食事をとるだけでは適切な栄養素を得るのが難しい人もいます。例えば、ベジタリアンは健康を保つためにはサプリメントを摂取する必要があります。

いいえ→なぜですか
　サプリメントはたいてい値段が高いです。また、サプリメントから全てのビタミンやミネラルを吸収するのが難しい場合もあります。

面接1回分の問題に挑戦!

Chapter 2の最後に、2級の面接1回分の問題に挑戦しましょう。
答えた内容は録音しておいて、次のページの解説の内容と比べてみましょう。

Fake News

Photographs are used by the media because they help people to understand news stories better. Nowadays, however, photographs that contain false information can easily be created with modern technology. Some people put such photographs on the Internet, and by doing so they try to make others believe untrue stories. People should be aware that technology can be used in good and bad ways.

Your story should begin with this sentence: **One day, Ken and Sakura were talking about their favorite sea animals.**

（2022年度第3回A日程）

▶ 放送された英文

Please read the passage silently for 20 seconds.
Please read it aloud.

No. 1 According to the passage, how do some people try to make others believe untrue stories?

No. 2 Now, please look at the picture and describe the situation. You have 20 seconds to prepare. Your story should begin with the sentence on the card.

No. 3 Some people say that, because of robots, many people will lose their jobs in the future. What do you think about that?

No. 4 These days, many families in Japan have pets. Do you think it is good for children to have pets?

日本語訳

20秒で文章を黙読してください。
声に出して読んでください。

No. 1 文章によると、ある人々はどのように他の人々に間違った話を信じさせようとしていますか。

No. 2 では、絵を見てその場面を描写してください。準備時間は20秒です。あなたの話はカードに書かれた文で始めなさい。

No. 3 ロボットのせいで多くの人が将来仕事を失うと言う人々がいます。あなたはどう思いますか。

No. 4 最近、多くの日本の家庭ではペットを飼っています。あなたは子どもたちがペットを飼うのは良いことだと思いますか。

解説　**音読**

【 解答例 】

Fake News

Photographs are used / by the media /

because they help people / to understand news stories better. //

Nowadays, / however, / photographs / that contain false

information / can easily be created / with modern technology. //

Some people put such photographs / on the Internet, /

and by doing so / they try to make others / believe untrue stories. //

People should be aware / that technology can be used / in good and

bad ways.

※解答音声は区切って読まれるものとナチュラルスピードのものが順に流れます。両方の音声を聞いて練習しましょう。

vocabulary

□ help 人 to *do*「人が〜するのに役立つ」
□ contain「〜を含む」
□ false「間違った」
□ make 人 *do*「人に〜させる」
□ untrue「偽りの」
□ *be* aware「気がつく」
□ in a ... way「〜な方法で」

フェイクニュース

写真は、人々がニュースをより良く理解するのに役立つためメディアによって用いられます。しかし最近、間違った情報を含んだ写真が現代のテクノロジーによって簡単に作られてしまいます。そういった写真をインターネット上に載せる人がおり、そうすることによって彼らは嘘の話を他人に信じさせようとします。人々はテクノロジーが良い方法でも悪い方法でも使われることに気がつくべきです。

解説 No. 1

【 解答例 】

例 1：By putting photographs that contain false information on the Internet.

例 2：They put photographs that contain false information on the Internet.

質問は、どのようにある人々が他の人々に間違った話を信じさせようとしているのか聞いています。該当箇所を見ると、

by doing so they try to make others believe untrue stories

となっています。このby doing soの部分はandの前にあるput such photographs on the Internetを指します。その後、such photographsの指す部分を前文から探します。すると

photographs that contain false information can easily be created with modern technology

とあります。関係代名詞のthat節のかたまりはfalse informationまでです。can以降を読んでしまわないように注意です。よって、3つの情報を統合し、

By putting photographs that contain false information on the Internet.

とします。このon the Internetの部分を忘れずに読むことが大事です。このように、**どこからどこまでの情報を組み込むのかを意識する**ことがこの問題を解くときのカギです。多すぎても少なすぎてもいけません。フルセンテンスで答える場合は質問文中にすでにsome peopleがあるのでこれをtheyに変えて

They put photographs that contain false information on the Internet.

とします。

photographs that contain false information can easily be created with modern technology.

Some people **put such photographs on the Internet**,

and **by doing so** they try to make others believe untrue stories.

89

解説　No. 2

【 解答例 】

One day, Ken and Sakura were talking about their favorite sea animals. Ken said to Sakura, "Let's go to the aquarium to see the dolphins." That weekend at the aquarium, Ken saw a sign saying that taking pictures was not allowed. Sakura suggested that he put his camera into his backpack. Later that day, Sakura was enjoying watching a dolphin show. Ken was worried that they would get wet.

vocabulary

- □ **aquarium**「水族館」
- □ **sign**「看板」
- □ **allow**「～を許す」
- □ **backpack**「リュック」
- □ **get wet**「濡れる」

（1コマ目）

状況を表す One day, Ken and Sakura were talking about their favorite sea animals. をまず読みます。その後、***A* said to *B*,** の形を使い、Ken said to Sakura, "Let's go to the aquarium to see the dolphins." とします。

（2コマ目）

矢印の中を読んだ後に、ケンが写真を撮ってはいけないという看板を見つけたことを描写します。2人が見つけたとしてもいいでしょう。これが1つ目のポイントです。そして、サクラの吹き出しの中にはケンがカメラをしまっている様子が描かれているので、そう提案したとすればOKです。**suggested that SV（原形）「S がVするよう提案した」**や**told *A* to *do*「Aに～するよう言った」**などが使えます。Sakura suggested that he put his camera into his backpack. 「サクラは彼にカメラをリュックにしまうよう提案しました」とします。

（3コマ目）

矢印の中を読んだ後、サクラがイルカショーを楽しんでいることを描写します。その後、水で濡れてしまわないかを心配しているケンを描写します。**was thinking that S would V「SがVすると思っていた」**も使えますが、**was worried that S would V「SがVするのではないかと心配した」**の方がより良いでしょう。

日本語訳

ある日、ケンとサクラは彼らの好きな海の動物について話していました。ケンはサクラに、「イルカを見に水族館に行こう」と言いました。その週末水族館で、ケンは、写真を撮るのが禁止されているという看板を見ました。サクラは彼に、カメラをリュックにしまうように提案しました。その日の後で、サクラはイルカショーを見るのを楽しんでいました。ケンは2人が濡れてしまうのではないかと心配していました。

【 解答例 】

例1：I agree. Robots are cheaper than humans. Also, they can do their tasks more precisely and quickly.

例2：I disagree. There are still jobs only humans can do. For example, it is difficult for robots to do the jobs that require creativity.

□ **precisely** 「正確に」
□ **require** 「〜を要求する」
□ **creativity** 「創造性」

質問はロボットによって多くの人が職を失うかについてです。

賛同の意見では、ロボットの方が人よりもお金がかからないことを挙げています。人件費で考えれば人間よりもロボットの方が安く済みますね。さらに、人よりも正確に速く仕事をこなすことができるという利点を挙げています。quicklyの後ろにはthan humansが省略されています。

反対の意見では、人間しかできない仕事がまだあるとし、具体例として創造性を必要とする仕事はロボットには難しいと述べています。

その他の解答を以下に紹介します。

【賛同する意見】

・Robots don't get sick unlike humans. 　「ロボットは人間と違って病気にならない」

・Robots are not late for work. 　「ロボットは仕事に遅刻しない」

・Robots are not absent from work. 　「ロボットは欠勤しない」

・Robots don't complain to employers. 　「ロボットは雇用主に文句を言わない」

【反対する意見】

・Mechanical failure may happen. 「機械の故障が起こるかもしれない」

・Robots need electricity. 　　　「ロボットは電気を必要とする」

＊停電が起こったら働けなくなってしまいますね。

日本語訳

例1：私もそう思います。ロボットは人間よりも安いです。また、より正確により速く仕事をすることができます。

例2：そうは思いません。人間にしかできない仕事がまだあります。例えば、ロボットにとって創造力を必要とする仕事を行うのは難しいです。

【 解答例 】

例1：

Yes. → Why?

— By taking care of pets, children can learn the importance of being responsible. Also, pets can relieve children's stress.

例2：

No. → Why not?

— It's difficult for children to take care of pets. In fact, many pets die because children can't look after them properly.

□ **take care of ~**「～の世話をする」

□ **importance**「重要性」

□ **responsible**「責任のある」

□ **relieve**「～を和らげる」

□ **look after ~**「～の世話をする」

質問は子どもたちがペットを飼うことが良いかどうかというものです。

賛同の解答では、ペットを飼うことによって子どもが責任感の重要性を学ぶことができるという理由と、ペットが子どものストレスを和らげてくれるという理由の2つを述べています。

反対の解答では、子どもにとってペットの世話は難しいという理由を述べ、実際にきちんと世話ができなくて死んでしまうペットがいるという具体例を述べています。このように in fact「実際」というのは、前に述べたことをより詳しく述べるときに使える便利な表現です。

その他のアイディアを以下に紹介します。

【賛同側の意見】

・Pets can provide friendship.　「ペットは友好関係を与えることができます」

・Pets can be children's friends.　「ペットは子どもたちの友達になることができます」

【反対側の意見】

・Some children are allergic to pets.　「ペットにアレルギーを持っている子どもたちもいます」

□ *be* **allergic to ~**「～にアレルギーを持っている」

やはり、ペットは頻出トピックです。同じトピックは何度も出題されるのでたくさん過去問をやりましょう。

日本語訳

例1：

はい→なぜですか

　ペットを世話することによって子どもたちは責任感を持つことの大切さを学ぶことができます。さらに、ペットは子どものストレスを和らげてくれます。

例2：

いいえ→なぜですか

　子どもにとってペットの世話は大変です。実際、子どもたちがきちんと世話をできないせいで、多くのペットが命を落としています。

Key

by + *do*ingやif節は考える時間を稼ぐことのできる技

by + *do*ing「〜することによって」やif「もし〜ならば」は使うのが少し難しい表現ですが、質問文を繰り返すだけで、後ろの部分を考える時間が稼げます。今回の問題でも

・<u>By having pets,</u> children can learn the importance of being responsible.
「ペットを飼うことによって子どもたちは責任感を持つことの重要性を学べます。」

・<u>If they have pets,</u> children can learn the importance of being responsible.
「もしペットを飼ったら子どもたちは責任感を持つことの重要性を学べます。」

のようにすることによって、後ろの部分を考える時間が稼げます。

でき具合はどうでしたか？
不安な設問はしっかり
復習しておきましょう。

Column

構成をメモしてから書き始めよう！

　私は英検2級を受験するとき、第1問の語彙・語法・文法問題から解き始めるのではなく、試験開始と同時にライティングの意見論述問題の問題を見ておくようにしています。その際、トピックが書きやすいものだったら「よっしゃ！」と思いますが、書きづらそうなトピックでも、「リーディングの問題を読み終えるころには、何か良いアイディアが浮かぶだろう」と楽観的に考えるようにしています。

　意見論述問題ではいきなり書き始めるのではなく、まず問題用紙に構成をメモします。特に、型でいうところの「理由とサポート文」のつながりを考えます。私の場合は英語でこのメモを書きますが、日本語でも構いません。大切なのは「理由とサポート文」が論理的な展開になっているかをしっかり確認することです。

　実は、構成をメモするというのはとても大切な作業です。というのも、いきなり書き始めてしまい、途中で論理の矛盾に気づくと、そこまで書いた英文を「全消し」することになってしまい、大幅な時間のロスになるからです。これだけは避けたい、というか、解答用紙に英作文を書き始めたら、なるべく消しゴムを使わずに書き進めたいと思っています。書いたり消したりする時間がもったいないので……。

　要約問題ではいきなり細かい内容を把握しようとするのではなく、まずはざっと読んで文章の大きな流れをつかむことを心がけます。段落と段落の間の関係を考えると、何を要約に含めるべきかが考えやすくなりますし、難しい表現が出てきたとしてもどんな内容かが予測しやすいです。

　最後に、ライティングはできるだけ丁寧な字で書きましょう！　なぐり書きのように書いてしまうと、スペルミスや文法ミスに気づきにくいと思います。

　私が英検のエッセイを書くときはこのようなことに気をつけています。参考にしてくださいね！

Chapter

3

聞

Listening

- ●ポイント解説
- ●トレーニング問題

Theme 8 ●ポイント解説

会話の内容一致選択問題をおさえよう！

Point① 2級の会話の内容一致選択問題はどんな問題？

○トータル70語程度からなる会話を聞き、その内容に最も当てはまる選択肢を選ぶ問題。
○問題数：15問
○放送回数：1回
○質問文は問題用紙に書かれておらず、読み上げられます。

Point② 2級の会話の内容一致選択問題の攻略方法とは？

○選択肢を先読みし、話題を予想する！

　リスニング第1部の正解率を上げるコツは、放送文が読み上げられる前に問題用紙に記載されている選択肢に目を通し、どのような会話が放送されるか、また、何が問われるのかを予想することです。もちろん、あくまでも「予想」ですので外れることもあるかもしれません。ですが、**どんな情報を聞き取るべきかがわかることも多い**ので、放送文が読み上げられる前に選択肢に目を通しておきましょう。

　それでは、これをふまえて2問の例題に取り組んでみましょう。

【 例題1 】

1　It was built recently.
2　It will be closing.
3　It is being repaired.
4　It makes a lot of money.

(2022年度第3回 (9))

解説

放送文が読み上げられる前に、選択肢に目を通します。今回の選択肢は、

1　It was built recently.（最近建てられた）
2　It will be closing.（閉鎖されるだろう）
3　It is being repaired.（修復中である）
4　It makes a lot of money.（たくさんのお金を作り出す）

の4つです。特に選択肢1のbuiltから、Itは「建物ではないか」と予想できます。また他の選択肢から、放送文で説明されるであろうit（建物）の特徴が問われていることも予測できます。英文が放送される前に、選択肢からこのような情報を読み取っておくと正答率が上がります。
ではここで、放送された英文を見てみましょう。

▶ 放送された英文

☆Hello, sir. I'm with the *Silverton Daily News*. Would you mind answering a few questions about the Fox Theater?

★I'd love to. It's my favorite theater in the city.

☆Then you must be upset by the news that it will be shut down next year.

★Yeah. I think it's a shame. It's one of the most famous buildings in Silverton.

☆☆ Question: What is one thing we learn about the Fox Theater?

女性は最初の発言で I'm with the *Silverton Daily News.*（シルバートン・デイリー・ニュースの者です）と述べて、さらに Would you mind answering a few questions about the Fox Theater?（フォックス・シアターに関する質問にお答えいただけますか）と続けています。ここから、女性が新聞の記者で、相手は取材を受けている人であることがわかります。このように**なるべく早い段階で会話が行われている状況をつかむ**ことが大切で、この段階で話題の中心は the Fox Theater という建物です。したがって、おそらく選択肢の it は the Fox Theater で、その特徴を聞き取れば良いとわかります。

次に男性は最初の発言で It's my favorite theater in the city.（それはこの街で一番好きな劇場なんです）と述べており、その内容を受けて女性は Then you must be upset by the news that it will be shut down next year.（そうすると、来年閉鎖されるというニュースには動揺されているでしょう）と述べます。この男性と女性の発言の it はどちらも the Fox Theater を指しています。

質問は、What is one thing we learn about the Fox Theater?（フォックス・シアターについてわかることは何か）ですので、選択肢 **2** の It will be closing.（閉鎖されるだろう）が正解とわかります。it will be shut down（閉鎖される）という内容を It will be closing. と放送文とは異なる表現で言い換えているわけです。**会話の内容は選択肢では言い換えられていることが多いので、この言い換えに気づくことがとても大切です。**

他の選択肢についてですが、**1** や **3** は男性の 2 回目の発言の buildings という単語から連想されるひっかけで、**4** については全く述べられていません。

解答 **2**

日本語訳

☆こんにちは。シルバートン・デイリー・ニュースの者です。フォックス・シアターに関する質問にお答えいただけますか？

★喜んで。それはこの街で一番好きな劇場なんです。

☆そうすると、来年閉鎖されるというニュースには動揺されているでしょう。

★ええ、とても残念です。これはシルバートンで最も有名な建物の1つなんです。

☆☆**質問：フォックス・シアターについてわかることは何ですか。**

（選択肢）

1 最近建てられた。　　**2** 閉鎖されるだろう。

3 修復中である。　　**4** たくさんのお金を作り出す。

【 **例題2** 】

1 He left his ticket at home.
2 He is not old enough.
3 It is sold out already.
4 It is not being shown at the theater.

（2021年度第1回 (15)）

解説

こちらも、英文が放送される前にまず選択肢に目を通しましょう。選択肢は、

1 He left his ticket at home. （彼は家にチケットを置き忘れた）

2 He is not old enough. （彼は十分な年齢ではない）

3 It is sold out already. （それは既に売り切れている）

4 It is not being shown at the theater. （それは劇場で上映されていない）

ですので、この段階で、「劇場で劇や映画を観ること」についての話では、と予想を立て、選択肢にあるチケットや年齢について特に注意をしながら聞きましょう。

では、放送された英文を見てみましょう。

▶ 放送された英文

★ Hi. I'd like one ticket to *Zombies from Space*, please.

☆ *Zombies from Space*. Hmm. You have to be 18 to see that movie. Can I ask how old you are?

★ Oh, I didn't know. I'm only 16.

☆ I'm sorry, but I won't be able to sell you a ticket. You can watch it if you come with one of your parents, though.

☆☆ Question: Why can't the boy see *Zombies from Space*?

最初のやりとりにある I'd like one ticket to *Zombies from Space*（『宇宙から来たゾンビ』のチケットが1枚欲しい）、see that movie（その映画を観る）から、男性が映画館でチケットを買おうとしている状況とわかります。選択肢にあったチケットや年齢に注意しながら聞き進めましょう。

女性の1回目の発言では、You have to be 18 to see that movie.（その映画（=『宇宙から来たゾンビ』）を観るためには18歳である必要がある）と述べ、Can I ask how old you are?（あなたが何歳かお尋ねしても良いですか）と質問しています。男性はそれに対して I'm only 16.（私はまだ16歳だ）と述べています。そして女性が I'm sorry, but I won't be able to sell you a ticket.（すみませんが、あなたにチケットを売ることはできません）と述べています。

質問は Why can't the boy see *Zombies from Space*?（なぜ少年は『宇宙から来たゾンビ』を観ることができないのか）ですが、You have to be 18 to see that movie. と I'm only 16という情報を He is not old enough（彼は十分な年齢ではない）とまとめた **2** が正解となります。

1 のチケットの置き忘れ、**3** のチケットの売り切れ、**4** の上映中止については述べられていません。

このように英検2級の第1部ではまず、**英文が放送される前に選択肢を読み、聞き取るべき内容を予想しておくこと。**次に、早い段階で会話の状況を理解し、**その上で、質問文の文頭の疑問詞をきちんと聞き取ることや代名詞を理解する**ことで得点率を高めることができます。また、**省略に気づくことも大切なポイント**ですが、それについてはトレーニング問題で見ていきましょう。

解答 **2**

日本語訳

★こんにちは。『宇宙から来たゾンビ』のチケットが1枚欲しいのですが。

☆『宇宙から来たゾンビ』。うーん。あなたはその映画を観るには18歳である必要があります。あなたが何歳かお尋ねしても良いですか。

★おお、知りませんでした。私はまだ16歳です。

☆すみませんが、あなたにチケットを売ることはできません。ご両親のどちらかと一緒に来ていただければ観られますが。

☆☆質問：なぜ少年は『宇宙から来たゾンビ』を観ることができないのですか。

（選択肢）

1 彼は家にチケットを置き忘れた。　　2 彼は十分な年齢ではない。

3 それは既に売り切れている。　　4 それは劇場で上映されていない。

トレーニング問題

リスニング第1部の問題にチャレンジしてみましょう。音声は1回だけ読まれます。対話を聞き、その質問に対して最も適切な選択肢を選びましょう。

☐ (1)
1 She forgot she had to go to work.
2 She forgot that it was Saturday.
3 She did not give her presentation.
4 She did not call Mr. Carter.

Track 23

（2023年度第1回(14)）

☐ (2)
1 He is having trouble with his French lessons.
2 He needs to choose a topic for a project.
3 He is starting a new French class.
4 He cannot find a book in the library.

Track 24

（2023年度第1回(4)）

☐ (3)
1 They often travel to Africa.
2 They were born in Kenya.
3 They enjoy looking at photographs.
4 They are no longer working.

Track 25

（2022年度第3回(2)）

☐ (4)
1 Their championship parade was canceled.
2 Their manager is changing teams.
3 They have not been playing well.
4 They do not have a nice stadium.

Track 26

（2022年度第2回(13)）

☐ (5)
1 Buy meat.
2 Call his friend.
3 Go to the party.
4 Come home early.

Track 27

（2022年度第2回(9)）

☐ (6)
1 His co-worker is having a birthday.
2 His boss will buy him lunch.
3 He has just been promoted.
4 He will be sent to a new city.

Track 28

（2021年度第2回(7)）

☐ (7)
1 To get some medicine.
2 To change his dentist.
3 To get advice over the phone.
4 To make an appointment.

Track 29

（2021年度第3回(2)）

☐ (8)
1 Somewhere with few people.
2 Somewhere near his home.
3 To several cities in Europe.
4 To a beach resort in Mexico.

Track 30

（2022年度第2回(14)）

(9)
1 He will order what she wants to eat.
2 He will change her reservation time.
3 He will go to the restaurant early.
4 He will drive her to the restaurant.

Track 31

(2021年度第3回 (3))

(10)
1 It is going to New York.
2 It is only one hour long.
3 It will arrive in 30 minutes.
4 It will probably arrive early.

Track 32

(2021年度第2回 (4))

(11)
1 A chair that will match her desk.
2 A new desk for her room.
3 A wooden shelf for her books.
4 Metal furniture for her room.

Track 33

(2022年度第1回 (6))

(12)
1 She needs some more information.
2 She forgot to call the sales department.
3 She does not know how to write it.
4 She does not have time to do it.

Track 34

(2022年度第3回 (8))

(13)
1 By riding on a bus.
2 By driving his car.
3 By taking a train.
4 By flying in a plane.

Track 35

(2023年度第1回 (1))

(14)
1 He borrowed his friend's homework.
2 He went to the library before school.
3 He studied hard for several weeks.
4 He asked his parents for help.

Track 36

(2023年度第1回 (12))

(15)
1 Call another restaurant.
2 Drive to the supermarket.
3 Make a sandwich for lunch.
4 Go to pick up some food.

Track 37

(2022年度第2回 (3))

(1) 解答 1

◉ 放送された英文

☆Hello.
★Sarah, this is Keith Carter from work. Why aren't you at the office?
☆What do you mean, Mr. Carter? It's Saturday.
★Don't you remember what I said at the meeting? I asked everyone to be here at 10 a.m. today. We need to finish preparing for the presentation on Monday.
☆Oh, you're right! I'm so sorry. I'll be there right away!
☆☆Question: What is the woman's problem?

日本語訳 ☆もしもし。
★サラ、こちらは職場のキース・カーターです。オフィスにいないのはなぜですか？
☆カーターさん、どういう意味ですか？ 今日は土曜日です。
★ミーティングで言ったことを覚えていないんですか？ 皆に今日午前10時にここに来るようにお願いしましたよ。月曜日のプレゼンテーションの準備を終える必要があります。
☆ああ、その通りです！ 申し訳ありません。今すぐ行きます！
☆☆質問：女性の問題は何ですか。

選択肢と訳 1 She forgot she had to go to work.
2 She forgot that it was Saturday.
3 She did not give her presentation.
4 She did not call Mr. Carter.

1 彼女は仕事に行かなければならないことを忘れていた。
2 彼女は土曜日だということを忘れていた。
3 彼女は自分のプレゼンテーションをしなかった。
4 彼女はカーターさんに電話しなかった。

解説 男性の最初の発言 Sarah, this is Keith Carter from work. (サラ、こちらは職場のキース・カーターです) から、同じ職場の人同士の会話だとわかります。男性の2回目の発言 Don't you remember what I said at the meeting? (ミーティングで言ったことを覚えていないんですか) から、女性が何かを忘れてしまっている状況だとわかります。男性はこの発言のあとで、I asked everyone to be here at 10 a.m. today. (皆に今日午前10時にここに来るようにお願いしましたよ) と述べています。ここから、女性は出勤するのを忘れていたことがわかります。質問は What is the woman's problem? (女性の問題は何ですか) なので、正解は 1「彼女は仕事に行かなければならないことを忘れていた」です。2「彼女は土曜日だということを忘れていた」は、Saturday という単語を使ったひっかけで、女性は何曜日かわかっているので誤り。3「彼女は自分のプレゼンテーションをしなかった」は、男性の2回目の発言の presentation から連想されるひっかけ。4「彼女はカーターさんに電話しなかった」については述べられていません。

- -

(2) 解答 1

◉ 放送された英文

★Abby, good job on getting a perfect score on our French test. I wish I could get good grades in French class like you do.
☆Thanks, James. I just prepare by studying for a few hours each week.
★Would you be my study partner? I'm having trouble with the lessons we're doing now.
☆Of course. Let's meet at the library after class and review them together.
☆☆Question: Why does the boy ask the girl for help?

日本語訳 ★アビー、フランス語のテストで満点を取ってすごいね。僕も君のようにフランス語の授業で良い成績を取れたらなあ。
☆ありがとう、ジェームズ。私はただ毎週数時間勉強して準備しているだけよ。
★勉強相手になってくれないかな。今やっている授業で困っていて。
☆もちろん。授業が終わったら図書館で会って一緒に復習しましょう。
☆☆質問：なぜ少年は少女に助けを求めていますか。

選択肢と訳 1 He is having trouble with his French lessons.
2 He needs to choose a topic for a project.

Theme 1
Theme 2
Theme 3
Theme 4
Theme 5
Theme 6
Theme 7
Theme 8
Theme 9
Theme 10
Theme 11
Theme 12
Theme 13

vocabulary

□ office「オフィス」
□ finish doing「〜し終える」
□ prepare for 〜「〜の準備をする」
□ presentation「プレゼンテーション」
□ right away「すぐに」

□ perfect score「満点」
□ I wish 〜「〜ならなあ（〜の部分は過去形）」
□ grade「成績」
□ like「〜のように」
□ a few「いくつかの」
□ partner「相手」
□ have trouble with 〜「〜に困る」
□ review「〜を復習する」
□ ask A for B「AにBを求める」

3 He is starting a new French class.

4 He cannot find a book in the library.

1 彼はフランス語の授業で困っている。

2 彼はあるプロジェクトのテーマを決める必要がある。

3 彼は新しいフランス語の授業を始める。

4 彼は図書館で本が見つからない。

解説 男性の最初の発言に good job on getting a perfect score on our French test（フランス語のテストで満点を取ってすごいね）とあるので、勉強に関する話ではと予想ができます。また、続く発言 I wish I could get good grades in French class like you do.（僕も君のようにフランス語の授業で良い成績を取れたらなあ）から、男性は女性と同じくフランス語の授業を取っているということがわかります。質問は Why does the boy ask the girl for help?（なぜ少年は少女に助けを求めていますか）です。男性は2回目の発言で Would you be my study partner?（勉強相手になってくれないかな）と女性に助けを求めています。その後、I'm having trouble with the lessons we're doing now（今やっている授業で困っている）とその理由を述べています。男性は女性と同じくフランス語の授業を取っているので、「今やっている授業」はフランス語の授業を表しています。したがって正解はこの内容を表している**1**です。

2「あるプロジェクトのテーマを決める必要がある」、**3**「新しいフランス語の授業を始める」については述べられていません。**4**「図書館で本が見つからない」については、図書館は話題に出てきていますが、本が見つからないということは述べられていません。

(3) **解答** 4

▶放送された英文

☆Dillon, now that your parents are retired, what are they going to do?

★They want to travel around the world. Actually, they're going to Kenya soon to see African wild animals on safari.

☆That sounds like fun. I'd love to see elephants and zebras in the wild. I hope your parents take lots of photographs.

★I'm sure they will. I'll ask them to show you some when they get back.

☆☆Question: What is one thing we learn about the man's parents?

日本語訳 ☆ディロン、もうご両親は退職したんだから、彼らはどうする予定なの？

★世界中を旅行したいって。実際、彼らはまもなくケニアに行ってサファリでアフリカの野生動物を見る予定なんだ。

☆楽しそうだね。私も野生のゾウやシマウマをぜひ見たいわ。ご両親がたくさん写真を撮ってくれると良いわね。

★きっと撮ってくるよ。帰ってきたら、いくつか見せてもらうようお願いしてみるよ。

☆☆質問：男性の両親についてわかることは何ですか。

選択肢と訳 1 They often travel to Africa.

2 They were born in Kenya.

3 They enjoy looking at photographs.

4 They are no longer working.

1 彼らはしばしばアフリカに旅をする。

2 彼らはケニアで生まれた。

3 彼らは写真を見るのを楽しむ。

4 彼らはもう働いていない。

解説 女性の1回目の発言 now that your parents are retired, what are they going to do?（もうご両親は退職したんだから、彼らはどうする予定なの）から、退職した男性側の両親の今後の予定に関する会話だとわかります。質問は What is one thing we learn about the man's parents?（男性の両親についてわかることは何ですか）です。女性が1回目の発言で now that your parents are retired（もうご両親は退職したんだから）と述べているので、正解はこのことを no longer working（もう働いていない）と言い換えた**4**です。

1「彼らはしばしばアフリカに旅をする」は、男性の1回目の発言 they're going to Kenya soon（彼らはまもなくケニアに行く）から連想されるひっかけ。**2**「彼らはケニアで生まれた」は、両親の出身地については述べられていないので誤り。ケニアは旅行先として、会話の中で言及されているのみです。**3**「彼

□**now that ~**「いまや～だから」

□**retired**「退職した」

□**wild animals**「野生動物」

□**safari**「サファリ」

□**sound like ~**「～のように聞こえる」

□**I'd love to do**「ぜひ～したい」

□**zebra**「シマウマ」

□**photograph**「写真」

□**I'm sure ~**「きっと～する」

□**no longer ~**「もはや～ない」

らは写真を見るのを楽しむ」は会話の中のfunやphotographsという単語から連想されるひっかけ。

(4) **解答** **3**

放送された英文

★No! The other team scored again. That's the second time this inning.
☆Yeah. The Gray Sox aren't playing very well. Their defense is so bad.
★They've been bad all season. I can't believe the newspapers were picking them to win the championship at the beginning of the season!
☆I know. Well, I hope they fire the manager soon. The team needs someone who can show these players how to win.
☆☆Question: Why are the man and woman upset with the Gray Sox?

日本語訳 ★ダメだ！　相手チームがまた得点した。このイニングで2度目だ。
☆そうだね。グレイ・ソックスはあまり良いプレーをしていないわ。彼らの守備はとても悪いわよ。
★シーズン中ずっと悪かったね。シーズン当初、新聞が彼らを優勝候補に挙げていたのが信じられないよ！
☆そうね。うーん、早く監督をクビにしてほしいね。チームには、選手たちに勝ち方を教えられる人が必要ね。
☆☆質問：なぜ男性と女性はグレイ・ソックスに腹を立てているのですか。

選択肢と訳 **1** Their championship parade was canceled.
2 Their manager is changing teams.
3 They have not been playing well.
4 They do not have a nice stadium.

1 彼らの優勝パレードが中止された。
2 彼らの監督がチームを変えている。
3 彼らはずっとプレーが良くない。
4 彼らには良いスタジアムがない。

解説 男性の1回目の発言The other team scored again. That's the second time this inning.（相手チームがまた得点した。このイニングで2度目だ）から、スポーツ観戦をしながら話をしている状況だとわかります。質問はWhy are the man and woman upset with the Gray Sox?（なぜ男性と女性はグレイ・ソックスに腹を立てているのですか）です。女性は1回目の発言で、The Gray Sox aren't playing very well. Their defense is so bad.（グレイ・ソックスはあまり良いプレーをしていないわ。彼らの守備はとても悪いわよ）と述べています。それに対して男性はThey've been bad all season.（シーズン中ずっと悪かった）と答えています。この内容をThey have not been playing well（彼らはずっとプレーが良くない）と言い換えた**3**が正解です。
1「優勝パレードが中止された」、**4**「良いスタジアムがない」については述べられていません。**2**の監督については話題に出ていますが、チームを変えているという内容には言及されていません。

(5) **解答** **1**

放送された英文

☆James, did you buy the meat for the barbecue?
★Oh, no. I forgot! I'll get it tomorrow on my way home from work.
☆OK. Please don't forget. Everybody is coming at six.
★Can you call me at work tomorrow to remind me? You know how bad my memory is.
☆☆Question: What did James forget to do?

日本語訳 ☆ジェームズ、バーベキュー用の肉は買った？
★あ、いや。忘れてたよ！　明日、仕事帰りに買ってくるよ。
☆わかった。忘れないでね。みんなは6時に来るから。
★明日、リマインドするために職場に電話してくれる？　僕の記憶力がどれくらい悪いか知っているだろう。
☆☆質問：ジェームズは何をし忘れましたか。

選択肢と訳 **1** Buy meat.
2 Call his friend.
3 Go to the party.

---

vocabulary

□ **the other team**「相手チーム」

□ **score**「得点する」

□ **inning**「（野球の）イニング、回」

□ **defense**「守備」

□ **pick**「～を選ぶ」

□ **win the championship**「優勝する」

□ **at the beginning of ～**「～当初」

□ **fire**「～をクビにする」

□ **manager**「監督」

□ **upset with ～**「～に腹を立てている」

□ **cancel**「～を中止する」

□ **barbecue**「バーベキュー」

□ **on one's way home from ～**「～から帰る途中で」

□ **remind**「～に思い出させる、～にリマインドする」

□ **memory**「記憶力」

103

4 Come home early.

1 肉を買う。
2 友達に電話をする。
3 パーティに行く。
4 家に早く帰ってくる。

解説　女性の最初の発言did you buy the meat for the barbecue?（バーベキュー用の肉は買った？）から、女性が男性に買い物の確認をしている状況だとわかります。質問は What did James forget to do?（ジェームズは何をし忘れましたか）です。男性は最初の発言で I forgot!（忘れてたよ！）と言っているので、バーベキュー用の肉を買ってくるのを忘れたとわかります。したがって、正解は **1** です。
2「友達に電話をする」は会話のeverybodyやcallから連想されるひっかけで、**3**「パーティに行く」については述べられていません。**4**「家に早く帰ってくる」は会話の中のon my way home from work（仕事帰りに）という帰宅に関する表現や、at sixという時間に関する表現から連想されるひっかけです。

---

vocabulary

(6)　**解答**　**3**

▶放送された英文

☆Why the big smile, Jack? Most people don't look happy when they come out of the boss's office.
★I just got a promotion! The company is creating a new sales department, and I've been asked to be the manager of it.
☆Wow! That's wonderful news. Congratulations. We'll have to go out to lunch to celebrate.
★Thanks a lot, Cindy. Lunch sounds great.
☆☆Question: Why is the man happy?

日本語訳　☆なぜ満面の笑みなの、ジャック？　上司のオフィスから出てきたとき、たいていの人はうれしそうな顔をしないわ。
★僕はちょうど昇進したんだ！　会社が新しい営業部を作るんだけど、その部長になるよう頼まれたんだ。
☆わあ！　それは素晴らしいニュースね。おめでとう。お祝いにランチに行かなきゃね。
★ありがとう、シンディ。ランチは良いね。
☆☆質問：なぜ男性は喜んでいますか。

選択肢と訳　**1** His co-worker is having a birthday.
2 His boss will buy him lunch.
3 He has just been promoted.
4 He will be sent to a new city.

1 彼の同僚が誕生日を迎える。
2 彼の上司が彼に昼食をおごってくれる。
3 彼はちょうど今昇進した。
4 彼は新しい都市に送られる。

解説　女性の1回目の発言はWhy the big smile, Jack?（なぜ満面の笑みなの、ジャック）という問いかけから始まります。質問はWhy is the man happy?（なぜ男性は喜んでいますか）です。男性は1回目の発言でI just got a promotion!（僕はちょうど今昇進したんだ）と、満面の笑みの理由を説明しています。just got a promotionをhas just been promotedと言い換えた **3** が正解です。
1の「誕生日」や **4**の「新しい都市」については述べられていません。**2**の「昼食」については言及がありますが、男性が上司におごってもらうのではなく、女性と一緒に行くと述べられています。

□ **big smile**「満面の笑み」
□ **look**「〜に見える」
□ **boss**「上司」
□ **get a promotion**「昇進する」
□ **sales department**「営業部」
□ **ask A to do**「Aに〜するよう頼む」
□ **congratulations**「おめでとう」
□ **celebrate**「お祝いする」
□ **co-worker**「同僚」

---

(7)　**解答**　**4**

▶放送された英文

☆Hello?
★Hi. I'd like to make an appointment to see the dentist this afternoon.
☆OK. What seems to be the problem?
★Well, one of my teeth really hurts, so I'd like to have it checked.
☆All right. Dr. Campbell can see you at three o'clock.
☆☆Question: Why is the man calling Dr. Campbell's office?

□ **make an appointment**「予約をする」
□ **dentist**「歯医者」
□ **seem to be 〜**「〜のように思える」

104

日本語訳
☆もしもし。
★こんにちは。今日の午後、歯医者を予約したいのですが。
☆わかりました。何か問題がありそうですか？
★えっと、私の歯のうちの1本が本当に痛くて、診てもらいたいんです。
☆わかりました。キャンベル先生が3時に診てくれますよ。
☆☆質問：なぜ男性はキャンベル先生のオフィスに電話しているのですか。

選択肢と訳
1 To get some medicine.
2 To change his dentist.
3 To get advice over the phone.
4 To make an appointment.

1 薬をもらうため。
2 彼の歯医者を変更してもらうため。
3 電話でアドバイスをもらうため。
4 予約をするため。

解説 男性の最初の発言 I'd like to make an appointment to see the dentist this afternoon. (今日の午後、歯医者を予約したいのですが) から、男性が歯医者の予約をしようとしていることがわかります。質問は Why is the man calling Dr. Campbell's office? (なぜ男性はキャンベル先生のオフィスに電話しているのですか) なので、答えは **4** です。
1「薬をもらうため」、2「彼の歯医者を変更してもらうため」、3「電話でアドバイスをもらうため」はどれも会話の中で述べられていません。

vocabulary

□ **problem**「問題」
□ **teeth**「歯 (tooth の複数形)」
□ **hurt**「痛む」
□ **have A done**「A を～してもらう」
□ **medicine**「薬」
□ **advice**「アドバイス」
□ **over the phone**「電話で」

---

(8) **解答** 1

放送された英文
☆Ken, are you going anywhere for vacation?
★Maybe. I'm still planning. I'd like to go somewhere quiet—maybe camping in the mountains ... or an Alaskan fishing trip, something like that.
☆Wow. I didn't know you liked that kind of thing.
★Well, I went to a crowded resort in Mexico last year, and before that I went to Europe. I'd like to try something different.
☆☆Question: Where does the man want to go on his vacation?

日本語訳
☆ケン、休暇でどこかに行くの？
★たぶんね。まだ計画中だよ。どこか静かなところに行きたいね。山の中でキャンプするとか……それかアラスカで釣り旅をするとか、そんな感じかな。
☆わあ。そういうのが好きだとは知らなかったわ。
★ええと、去年はメキシコの混雑したリゾート地に行ったし、その前はヨーロッパに行ったよ。何か違うことをやってみたいんだ。
☆☆質問：男性は休暇でどこに行きたがっていますか。

選択肢と訳
1 Somewhere with few people.
2 Somewhere near his home.
3 To several cities in Europe.
4 To a beach resort in Mexico.

1 どこか人がほとんどいないところ。
2 家の近くのどこか。
3 ヨーロッパのいくつかの都市。
4 メキシコの海辺のリゾート地。

解説 女性の1回目の発言 are you going anywhere for vacation? (休暇でどこかに行くの？) から、休暇の予定についての話だとわかります。質問は Where does the man want to go on his vacation? (男性は休暇でどこに行きたがっていますか) です。男性は1回目の発言で I'd like to go somewhere quiet—maybe camping in the mountains ... or an Alaskan fishing trip, something like that. (どこか静かなところに行きたいね。山の中でキャンプするとか……それかアラスカで釣り旅をするとか、そんな感じかな) と述べています。somewhere quiet を Somewhere with few people. (どこか人がほとんどいないところ) と言い換えた **1** が正解です。
2の「家の近く」については述べられていません。3の「ヨーロッパ」や4の「リゾート地」は以前行った場所なので誤り。

□ **anywhere**「(疑問文で) どこか」
□ **still**「まだ、今でも」
□ **somewhere**「(平叙文で) どこか」
□ **something like that**「そんな感じ」
□ **crowded**「混雑した」
□ **resort**「リゾート地、行楽地」
□ **few**「ほとんどない」

(9) **解答** **1**

▶放送された英文

★Hello.

☆Hello, David. Traffic is very heavy right now and I'm going to be about 15 minutes late for lunch. Can you order a chicken sandwich for me?

★Sure. I'm already here. Do you want the grilled chicken or the fried chicken? And do you want french fries? Or a salad?

☆I want the grilled chicken with an order of french fries.

★OK. I'll see you inside the restaurant. Drive safely.

☆☆Question: What will the man do for the woman?

日本語訳 ★もしもし。

☆こんにちは、デビッド。今、交通渋滞がひどくて、昼食に15分ほど遅れそうなの。私のためにチキンサンドイッチを注文してくれる？

★もちろん。もうここにいるよ。グリルチキンにする、それともフライドチキン？　それとフライドポテトは要る？　それともサラダ？

☆グリルチキンとフライドポテトが欲しいわ。

★わかった。レストランの中で会おう。安全運転をしてね。

☆☆質問：男性は女性に何をしてあげますか。

選択肢と訳 **1** He will order what she wants to eat.

2 He will change her reservation time.

3 He will go to the restaurant early.

4 He will drive her to the restaurant.

1 彼は彼女が食べたいものを注文する。

2 彼は予約の時間を変更する。

3 彼はレストランに早く行く。

4 彼はレストランに彼女を送る。

解説 女性の最初の発言 Traffic is very heavy right now and I'm going to be about 15 minutes late for lunch.（今、交通渋滞がひどくて、昼食に15分ほど遅れそうなの）から、女性が約束の時間に遅れることを男性に伝えている状況だとわかります。女性は続けて Can you order a chicken sandwich for me?（私のためにチキンサンドイッチを注文してくれる？）と頼んでおり、男性はそれに対して Sure.（もちろん）と答えています。質問は What will the man do for the woman?（男性は女性に何をしてあげますか。）なので、正解は **1**「彼は彼女が食べたいものを注文する」です。

2 の「予約の時間」に関しては述べられていません。**3**「レストランに早く行く」については、レストランに行くこと自体は述べられていますが、「早く」の部分については述べられていないので誤り。**4**「彼はレストランに彼女を送る」は、男性の最後の発言 I'll see you inside the restaurant. Drive safely.（レストランの中で会おう。安全運転をしてね）と矛盾します。

(10) **解答** **4**

▶放送された英文

☆Excuse me. What time will this plane land in Tokyo?

★Around 3 p.m., Japan time. We're about 30 minutes ahead of schedule because of the wind.

☆I see. My watch is still set to New York time. What's the time in Japan now?

★Let me see. It's one o'clock. We should be arriving in about two hours.

☆☆Question: What is one thing we learn about the woman's flight?

日本語訳 ☆すみません。この飛行機は何時に東京に着陸しますか？

★日本時間の午後3時頃です。風のため予定より30分ほど早くなっています。

☆なるほど。私の時計はまだニューヨーク時間のままです。今、日本の時間は何時ですか？

★ええと。1時です。あと2時間ほどで到着するはずです。

☆☆質問：女性のフライトについてわかる1つのことは何ですか。

選択肢と訳 **1** It is going to New York.

2 It is only one hour long.

3 It will arrive in 30 minutes.

vocabulary

□**traffic**「交通量」

□**heavy**「（交通量が）多い」

□**〜 minutes late**「〜分遅れる」

□**order**「〜を注文する」

□**inside**「〜の中で」

□**safely**「安全に」

□**reservation**「予約」

□**drive A to 〜**「Aを〜に車で送る」

□**land**「着陸する」

□**Japan time**「日本時間」

□**〜 ahead of schedule**「〜早い、前倒しの」

□**because of 〜**「〜のために、せいで」

□**still**「まだ、今でも」

□**let me see**「ええと」

□**in 〜**「〜後に」

□**probably**「おそらく」

4 It will probably arrive early.

1 ニューヨークへ行く。
2 1時間しかない。
3 30分後に到着する。
4 おそらく早く到着する。

解説 女性の1回目の発言What time will this plane land in Tokyo?（この飛行機は何時に東京に着陸しますか）から、飛行機の中での会話だとわかります。質問はWhat is one thing we learn about the woman's flight?（女性のフライトについてわかる1つのことは何ですか）です。女性の発言に対し、男性は1回目の発言で、Around 3 p.m., Japan time. We're about 30 minutes ahead of schedule because of the wind.（日本時間の午後3時頃です。風のため予定より30分ほど早くなっています）と答えています。したがって、ahead of scheduleをearly（早く）と言い換えた**4**が正解です。
1はNew York、**3**は30 minutesという本文に登場する表現を使ったひっかけの選択肢。**2**のone hour longについては、It's one o'clock. We should be arriving in about two hours.（（今、日本時間の）1時です。あと2時間ほどで到着するはずです）という発言の時刻と所要時間を入れ替えたひっかけの選択肢。

(11) **解答** **2**

▶放送された英文

☆Good morning. I'm looking for a new desk for my room.
★Would you like a metal one or a wooden one?
☆Well, the rest of the furniture in my room is wooden, so I'd like to find a matching desk.
★I think we may have just the thing you're looking for. There's a sale on all of our desks, chairs, and shelves today.
☆☆Question: What is the customer looking for?

日本語訳
☆おはようございます。自分の部屋用の新しい机を探しています。
★金属製と木製、どちらが良いですか？
☆えっと、私の部屋の他の家具は木製なので、それに合うような机を見つけたいんです。
★ちょうどあなたが探しているものを取り扱っているかもしれません。今日は全ての机、椅子、そして棚がセール中です。
☆☆質問：客は何を探していますか。

選択肢と訳
1 A chair that will match her desk.
2 A new desk for her room.
3 A wooden shelf for her books.
4 Metal furniture for her room.

1 彼女の机に合う椅子
2 彼女の部屋のための新しい机
3 彼女の本のための木製の棚
4 彼女の部屋のための金属製の家具

解説 女性の最初の発言I'm looking for a new desk for my room.（自分の部屋用の新しい机を探しています）、それに対する男性のWould you like a metal one or a wooden one?（金属製と木製、どちらが良いですか）という発言から、女性が客で男性が家具店の店員だとわかります。質問はWhat is the customer looking for?（客は何を探していますか）で、このthe customerは女性なので、答えは**2**「彼女の部屋のための新しい机」です。
1「彼女の机に合う椅子」、**3**「彼女の本のための木製の棚」については、女性は机を探しているので誤り。**4**「彼女の部屋のための金属製の家具」は、女性の2回目の発言the rest of the furniture in my room is wooden, so I'd like to find a matching desk（私の部屋の他の家具は木製なので、それに合うような机を見つけたいんです）と矛盾します。

(12) **解答** **1**

▶放送された英文

★Ann, have you finished writing the presentation for our business trip next week? I'd like to check it before we go.

□**metal**「金属製の」

□**wooden**「木製の」

□**the rest of 〜**「残りの〜、他の〜」

□**furniture**「家具」

□**matching**「（色や外見などが）合うような」

□**sale**「セール」

□**shelves**「shelf（棚）の複数形」

□**presentation**「プレゼン、発表」

☆I'm still waiting on some research data from the sales department. I can't finish the presentation without it.
★I see. Well, I'll go ask them to hurry up. Once you have the data, how long will it take?
☆Probably only an hour or two.
☆☆Question: What is the problem with the woman's presentation?

日本語訳 ★アン、来週の出張のプレゼン資料は書き終わった？　行く前に確認したいんだけど。
☆まだ営業部からの調査データを待っているところなの。それがないとプレゼンを仕上げることができないわ。
★なるほど。じゃあ、急いでもらうよう頼んでくるよ。データが手に入ったら、どれくらいかかる？
☆おそらく1、2時間かな。
☆☆質問：女性のプレゼンの問題は何ですか。

選択肢と訳 1 She needs some more information.
2 She forgot to call the sales department.
3 She does not know how to write it.
4 She does not have time to do it.

1 彼女はもっと情報が必要だ。
2 彼女は営業部に電話するのを忘れた。
3 彼女はその書き方を知らない。
4 彼女はそれをする時間がない。

解説 男性の1回目の発言 have you finished writing the presentation for our business trip next week?（来週の出張のプレゼン資料は書き終わった？）から、同僚の男性と女性がプレゼン資料について話している状況だとわかります。質問は What is the problem with the woman's presentation?（女性のプレゼンの問題は何ですか）です。女性は1回目の発言で、I'm still waiting on some research data from the sales department. I can't finish the presentation without it.（まだ営業部からの調査データを待っているところなの。それがないとプレゼンを仕上げることができないわ）と述べています。waiting on some research data を needs some more information（もっと情報が必要だ）と言い換えている **1** が正解です。
2 は sales department、**3** は write という本文に登場する表現を使ったひっかけの選択肢。**4** の「時間がない」については述べられていません。

vocabulary
□ **business trip**「出張」
□ **still**「まだ、今でも」
□ **sales department**「営業部」
□ **ask A to do**「Aに〜するよう頼む」
□ **hurry up**「急ぐ」
□ **take**「〜（時間）がかかる」
□ **probably**「おそらく」
□ **forget to do**「〜するのを忘れる」

---

(13) **解答** **3**

▶**放送された英文**
★What's the best way to get to Silver City from here, Amanda? I'm going there this weekend.
☆Well, it's too far to drive your car, and the bus takes too long. You could fly there, but that's so expensive. I recommend an express train. They go there every morning.
★In the morning? That would probably work well with my schedule.
☆Yeah, check the station's website for the departure time.
☆☆Question: How will the man probably get to Silver City?

日本語訳 ★アマンダ、ここからシルバー・シティに行くのに一番良い方法は？　今週末にそこに行く予定なんだ。
☆車でそこに行くには遠すぎるし、バスは時間がかかりすぎるわ。飛行機でもそこに行けるけど、高いわね。急行列車をお勧めするわ。急行列車は毎朝そこに行くわよ。
★朝？　それならおそらく僕のスケジュールと合うかもしれない。
☆ええ、出発時間は駅のホームページで確認してね。
☆☆質問：男性はおそらくどうやってシルバー・シティに行きますか。

選択肢と訳 1 By riding on a bus.
2 By driving his car.
3 By taking a train.
4 By flying in a plane.

1 バスで。
2 車で。

vocabulary
□ **get to 〜**「〜に着く」
□ **too 〜 to ...**「…するには〜すぎる」
□ **far**「遠い」
□ **take**「〜（時間が）かかる」
□ **fly**「飛行機で行く」
□ **recommend**「〜を勧める」
□ **express train**「急行列車」
□ **probably**「おそらく」
□ **work well with 〜**「〜と合う」
□ **departure time**「出発時間」

3 電車で。
4 飛行機で。

解説 男性が女性にシルバー・シティに行く一番良い方法を尋ねているという状況です。質問は How will the man probably get to Silver City?（男性はおそらくどうやってシルバー・シティに行きますか）です。女性は男性に、it's too far to drive your car（車で行くには遠すぎる）、the bus takes too long（バスは時間がかかりすぎる）、You could fly there, but that's so expensive.（飛行機でも行けるけど、高いわね）と車、バス、飛行機のデメリットを列挙します。最終的に I recommend an express train. They go there every morning.（急行列車をお勧めするわ。急行列車は毎朝そこに行くわよ）と、急行列車を勧めます。男性は 2 回目の発言で、急行列車が朝に出発することに関して That would probably work well with my schedule.（それならおそらく僕のスケジュールと合うかもしれない）と述べているので、正解は **3**。

---

(14) **解答** 3

▶ 放送された英文

☆Honey, did you see Alex's score on his math test? He did really well.
★He's been reviewing his notes every night for the last several weeks, and he has spent a lot of time practicing different problems.
☆Yes, he's been studying in the library after school instead of playing with friends.
★I'm very proud of him. He has been trying really hard.
☆☆Question: What did Alex do to get a good score on his math test?

日本語訳 ☆あなた、アレックスの数学のテストの点数見た？ 彼は本当によくやったわ。
★彼はここ数週間、毎晩ノートを見直し、さまざまな問題の練習に多くの時間を費やしてきたからね。
☆そうね、放課後は友達と遊ばずにずっと図書館で勉強しているわね。
★彼をとても誇りに思うよ。彼は本当に頑張っているよ。
☆☆質問：アレックスは数学のテストで良い点を取るために何をしましたか。

選択肢と訳 1 He borrowed his friend's homework.
2 He went to the library before school.
3 He studied hard for several weeks.
4 He asked his parents for help.

1 彼は友人の宿題を借りた。
2 彼は学校の前に図書館に行った。
3 彼は数週間一生懸命勉強した。
4 彼は両親に助けを求めた。

解説 女性の 1 回目の発言 Honey, did you see Alex's score on his math test?（あなた、アレックスの数学のテストの点数見た？）から、夫婦が息子の勉強について話している状況だとわかります。質問は What did Alex do to get a good score on his math test?（アレックスは数学のテストで良い点を取るために何をしましたか）です。男性の 1 回目の発言 He's been reviewing his notes every night for the last several weeks, and he has spent a lot of time practicing different problems.（彼はここ数週間、毎晩ノートを見直し、さまざまな問題の練習に多くの時間を費やしてきた）や、女性の 2 回目の発言 he's been studying in the library after school（放課後はずっと図書館で勉強している）を studied hard for several weeks とまとめた **3** が正解です。
1 の「友人の宿題を借りた」、**4** の「両親に助けを求めた」については述べられていません。**2** の「学校の前に図書館に行った」は、正しくは「学校の後に（放課後に）図書館に行った」です。

---

(15) **解答** 4

▶ 放送された英文

★Thank you for calling the Sandwich Company. What can I do for you?
☆Hi. I'd like to order a large tomato sandwich with extra bacon and light mayonnaise on white bread.
★All right, ma'am. I can have that ready in about 10 minutes. Can I have your name, please?
☆It's Andrea. Thanks! I'll be there soon.

□**score**「点数」
□**review**「～を見直す」
□**the last ～**「ここ（最近の）～」
□**spend** *A doing*「A（時間やお金）を～することに費やす」
□**instead of** *doing*「～する代わりに、～するのではなく」
□*be* **proud of ～**「～を誇りに思う」
□**borrow**「～を借りる」
□**ask** *A* **for** *B*「AにBを求める」

□**Thank you for** *doing*「～してくれてありがとう」
□**I'd like to** *do*「～したい」
□**extra**「追加の」
□**light**「少なめの」

☆☆Question: What will the woman do next?

日本語訳　★サンドイッチ・カンパニーにお電話いただきありがとうございます。ご注文は何でしょうか？
☆こんにちは。ホワイトブレッドに追加のベーコンと少なめのマヨネーズが入ったラージサイズのトマトサンドを注文したいのですが。
★かしこまりました。10分ほどでご用意できます。お名前をお願いします。
☆アンドレアです。ありがとう！　すぐに行きます。
☆☆質問：その女性は次に何をしますか。

選択肢と訳　**1** Call another restaurant.
2 Drive to the supermarket.
3 Make a sandwich for lunch.
4 Go to pick up some food.

1 別のレストランに電話をする。
2 スーパーまで運転する。
3 昼食にサンドイッチを作る。
4 食べ物を取りに行く。

解説　女性が電話でサンドイッチを注文している状況です。女性は最初の発言で I'd like to order a large tomato sandwich with extra bacon and light mayonnaise on white bread.（ホワイトブレッドに追加のベーコンと少なめのマヨネーズが入ったラージサイズのトマトサンドを注文したいのですが）と注文内容を伝え、それに対し男性が I can have that ready in about 10 minutes.（10分ほどでご用意できます）と答えます。質問は What will the woman do next?（その女性は次に何をしますか）です。女性は最後の発言で I'll be there soon.（すぐに行きます）と述べており、この there はサンドイッチの店を指します。つまり、女性がサンドイッチを取りに店まで行く、ということなので、そのことを Go to pick up some food.（食べ物を取りに行く）と言い換えた **4** が正解。
1「別のレストランに電話をする」は述べられていません。**2**「スーパーまで運転する」は行き先が誤り。また運転するかどうかは述べられていません。**3** は会話文のテーマから連想されるひっかけ。

vocabulary

□ **ma'am**「（女性に対する丁寧な呼びかけ）」

□ **have** *A* ～「Aを～の状態にする」

□ **go to** *do*「～しに行く」

□ **pick up** ～「～を受け取る」

Theme 9 ●ポイント解説

文章の内容一致選択問題をおさえよう！

Point① 2級の文章の内容一致選択問題はどんな問題？

○70語程度の英文を聞き、その内容に関する質問に答える問題。
○問題数：15問
○放送回数：1回
○質問文も読み上げられます。選択肢は読まれず、問題冊子に印刷されているのみです。

Point② 2級の文章の内容一致選択問題の攻略方法とは？

○パッセージの種類をふまえて、話題を予想する！
　2級のリスニングの第2部では、
　①ある人物の日常などに関する英文
　②人物以外の、自然、歴史、（デパートなどの）アナウンスなどに関連した英文
という2種類の文章が出題されることが多いです。これを頭に入れたうえで、放送文が読まれる前に**選択肢を先読み**しておき、そこから予想できるテーマやトピックなどをおさえておきましょう。
では、代表的な2問の例題に取り組んでみましょう。

【 例題1 】

1 She needs to save money to buy a ticket.
2 Her best friend's birthday is in July.
3 The weather may be bad next weekend.
4 There will be a special event at the park then.　　　　（2023年度第1回（19））

解説

選択肢3のThe weather may be bad <u>next weekend</u>.（来週末は天気が悪いかもしれない）や選択肢4のThere <u>will be</u> a special event（特別なイベントがあるでしょう）という未来に関する表現から、英文は将来の予定に関するものではないかと予想することができます。

▶ 放送された英文

★Tara won four tickets to an amusement park. The amusement park has many exciting rides and shows, as well as places selling delicious things to eat and drink. She was not sure if she should go there next weekend or wait until her birthday in July. She found out that it might rain next weekend, so she has decided to ask her best friend to go with her in July.
☆☆ Question: Why has Tara decided to go to the amusement park in July?

英文は、タラが友達と遊園地にいつ行くかを決めることに関する内容です。ですが、3文目にはShe was not sure if she should go there next weekend or wait until her birthday in July.（彼女は来週末にそこに行くか、7月の彼女の誕生日まで待つか迷っていました）とあるので、これ以降をしっかり聞き取り、遊園地に行く時期を把握します。

質問はWhy has Tara decided to go to the amusement park in July?（なぜタラは7月に遊園地に行こうと決めたのですか）で、解答の根拠は4文目のsoの直前She found out that it might rain next weekend（彼女は来週末は雨が降るかもしれないとわかった）です。したがって、正解は it might rainをThe weather may be badと言い換えた**3**となります。第2部でも、本文の内容が選択肢では別の表現に言い換えられていることが多いので、その言い換えに気づけるようにしましょう。

ちなみに、選択肢**1**や**2**は放送文の中に出てきたticketsやbirthdayから連想されるひっかけです。**4**に関しては述べられていません。

ひっかけの種類はさまざまで、放送文の内容の時制と選択肢の時制がずれている、というものもあります。英検2級ではよく出されるひっかけなので、**放送文の内容が「過去」「現在」「未来」のどれに関係するかは必ずおさえながら聞きましょう。**

解答 3

日本語訳

★タラは遊園地のチケットが4枚当たりました。遊園地にはたくさんのエキサイティングな乗り物やショーがあり、おいしい食べ物や飲み物を売っている場所もあります。彼女は来週末に行くか、7月の彼女の誕生日まで待つか迷っていました。彼女は来週末は雨が降るかもしれないとわかったので、7月に親友に一緒に行ってもらうようにお願いすることを決めました。

☆☆質問：タラはなぜ7月に遊園地に行こうと決めたのですか？

（選択肢）
1 彼女はチケットを買うためにお金を貯める必要がある。
2 彼女の親友の誕生日は7月だ。
3 来週末は天気が悪いかもしれない。
4 その時、その遊園地で特別なイベントがある。

【 **例題 2** 】

1 They can fly up to 100 kilometers per hour.
2 They can run faster than humans.
3 They make very loud sounds.
4 They make homes near tigers for protection.

（2021年度第3回（17））

解説

例題2も同様に選択肢を先読みしましょう。今回の選択肢は、

1 They can fly up to 100 kilometers per hour.
2 They can run faster than humans.
3 They make very loud sounds.
4 They make homes near tigers for protection.

です。選択肢**1**のfly「飛ぶ」や**2**のrun「走る」、**3**のmake sounds「音を出す」という表現から選択肢のTheyはおそらく鳥か何かの生き物を指していると予想できるので、その生き物の特徴をおさえながら放送文

を聞きましょう。生き物、歴史的な建物、歴史的な人物などの特徴に関する英文は頻出ですので、そうした英文の特徴を必ずおさえながら聞き進めるようにします。

では、放送された英文を見てみましょう。

▶ 放送された英文

★The yellow-legged buttonquail is a bird that lives in India and China. Although yellow-legged buttonquails are small, their sounds can be heard up to 100 meters away. In fact, in 2020, thousands of people in a village in China ran out of their homes because they thought there was a tiger. Later, they found out that the noise they heard had come from these small birds.

☆☆Question: What is one thing we learn about yellow-legged buttonquails?

yellow-legged buttonquailという固有名詞にはなじみがないかと思いますが、心配無用です。なじみのない固有名詞が出てきた場合は、その直後に必ず説明されます。ここでは直後にa bird that lives in India and China（インドや中国に生息する鳥）と述べられています。さらに、yellow-legged buttonquailの特徴は、

> **2文目**：small（小さい）、**their sounds can be heard up to 100 meters away**
> （その鳴き声は最大100メートル先まで聞こえる）
> **3文目**：**thousands of people in a village in China ran out of their homes because they thought there was a tiger**
> （中国のある村の何千人もの人が、虎がいると思って家から逃げ出した）
> **4文目**：**they found out that the noise they heard had come from these small birds**
> （音はこの小さな鳥から発せられていたことがわかった）

と説明されています。このあたりの特徴を、断片的でも良いので聞き取ることを目指しましょう。解答の根拠は、2文目のtheir sounds can be heard up to 100 meters awayで、これをmake very loud sounds（とても大きな音を出す）と言い換えた**3**が正解です。

他の選択肢についてですが、**1**や**2**や**4**は100やrunやtigerから連想されるひっかけです。**このようなひっかけにだまされないためには、選択肢を先読みしておき、気をつけて聞き取る点をあらかじめおさえておくことが最も重要です。**

解答 **3**

日本語訳

★チョウセンミフウズラはインドと中国に生息する鳥です。チョウセンミフウズラは小さいですが、その鳴き声は100メートル先まで聞こえます。実際、2020年に中国のある村の何千人もの人が、虎がいると思って家から逃げ出しました。その後、彼らが聞いた音はこの小さな鳥から発せられていたことがわかりました。

☆☆質問：チョウセンミフウズラについてわかることは何ですか。

（選択肢）
1 最大時速100キロメートルで飛ぶことができる。
2 人間よりも速く走れる。
3 とても大きな音を出す。
4 保護を求めて虎の近くにすみかを作る。

Theme 9 トレーニング問題

リスニング第2部の問題にチャレンジしてみましょう。音声は1回だけ読まれます。英文を聞き、その質問に対する答えとして最も適切な選択肢を選びましょう。

(1)
1 A bus will arrive late.
2 An exit will be closed soon.
3 There has been an accident.
4 To give directions to get to a station.
Track 40 (2021年度第2回 (18))

(2)
1 Some men wore them to look thin.
2 They could not be worn in England.
3 Women could not wear them in public.
4 Wearing them caused pain in people's backs.
Track 41 (2022年度第2回 (17))

(3)
1 There was an advertisement at her school.
2 A teacher told her about a course.
3 She wanted to experience high school life overseas.
4 Her classmates said it would be fun.
Track 42 (2022年度第1回 (26))

(4)
1 Many ships are made there.
2 A warm ocean meets a cold one there.
3 Visitors damage the beautiful beaches there.
4 The daily temperature changes quickly there.
Track 43 (2021年度第1回 (18))

(5)
1 She got advice from a lawyer.
2 She was given a yoga mat by a friend.
3 She has been suffering from stress.
4 She plans to write an article about it.
Track 44 (2022年度第1回 (24))

(6)
1 He no longer works in sales.
2 He does not enjoy his job.
3 He will work at a new company.
4 He wants to get an assistant.
Track 45 (2023年度第1回 (16))

(7)
1 By selling things he does not need.
2 By canceling his trip to Germany.
3 By borrowing money from his father.
4 By teaching students to play the guitar.
Track 46 (2021年度第1回 (27))

(8)
1 By looking for another job.
2 By working less on weekends.
3 By buying less bread.
4 By talking to her manager.
Track 47 (2022年度第1回 (21))

(9)
1 Join a party in the lobby.
2 Enjoy free food and drinks.
3 Present flowers to dancers.
4 Hear a 20-minute talk about ballet.

Track 48

(2022年度第1回 (28))

(10)
1 They were decorated with different colors.
2 They were made for different purposes.
3 They were sold at different events.
4 They were served with different meals.

Track 49

(2022年度第2回 (24))

(11)
1 He broke his smartphone.
2 He got lost at night.
3 He had no place to put up his tent.
4 He could not help his friend.

Track 50

(2022年度第1回 (19))

(12)
1 Borrow money from a bank.
2 Open a special savings account.
3 Help his daughters find a university.
4 Get information about starting a business.

Track 51

(2021年度第2回 (23))

(13)
1 They were told with more pictures.
2 They were loved more by boys than girls.
3 They were scarier than they are now.
4 They were mostly told by children.

Track 52

(2021年度第3回 (24))

(14)
1 There are not enough staff members today.
2 There are no computers that can use the Internet.
3 There is a problem with the Internet service.
4 There is a show before the next event.

Track 53

(2021年度第1回 (22))

(15)
1 To prepare for a competition.
2 To advertise her new business.
3 To thank people for their help.
4 To get a college certificate.

Track 54

(2023年度第1回 (28))

(1) 解答 **2**

▶放送された英文

★Attention, passengers. The last bus to North Hope City will arrive in five minutes as scheduled. Exit No. 3 of this bus station will close soon, at 11:30 p.m., so please use one of the other two exits. Passengers with small children, please be careful of buses coming into and going out of the station.

☆☆ Question: What is one reason that this announcement is being made?

日本語訳 ★乗客の皆様、お聞きください。ノース・ホープ・シティ行きの最終バスは予定通り5分後に到着します。当バスステーションの3番出口は、まもなく午後11時30分に閉まりますので、他の2つの出口のうちの1つをご利用ください。小さなお子様連れのお客様は、当駅へのバスの出入りにご注意ください。

☆☆質問：このアナウンスが流れている理由は何ですか。

選択肢と訳 1 A bus will arrive late.
2 **An exit will be closed soon.**
3 There has been an accident.
4 To give directions to get to a station.

1 バスが遅く到着する。
2 出口がすぐに閉まる。
3 事故があった。
4 駅への道案内をするため。

解説 バスの駅でのアナウンスです。アナウンスの内容は
① The last bus to North Hope City will arrive in five minutes as scheduled.（ノース・ホープ・シティ行きの最終バスは予定通り5分後に到着します）
② Exit No. 3 of this bus station will close soon, at 11:30 p.m., so please use one of the other two exits.（当バスステーションの3番出口は、まもなく午後11時30分に閉まりますので、他の2つの出口のうちの1つをご利用ください）
③ please be careful of buses coming into and going out of the station（当駅へのバスの出入りにご注意ください）
の3点です。質問は「このアナウンスが流れている理由は何ですか」なので、アナウンスの2つ目の内容に当たる **2** が正解です。**1**「バスが遅く到着する」は、2文目に arrive... as scheduled（予定通りに到着する）とあるので誤り。**3**、**4** については述べられていません。

---

(2) 解答 **1**

▶放送された英文

★For many years, women have been wearing special clothes called corsets to make their bodies look thinner. Many people think that corsets were only worn by women. However, in the 18th century in England, men also wore corsets to look thin. In addition, today corsets are used to help men and women who have pain in their backs.

☆☆ Question: What is one thing we learn about corsets?

日本語訳 ★長年、女性はコルセットと呼ばれる特別な服を着て、体を細く見せてきました。多くの人は、コルセットは女性だけが着用するものだったと思っています。しかし、18世紀のイギリスでは、男性も細く見えるようにコルセットを着用していました。さらに今日では、コルセットは腰に痛みを抱える男女を助けるために使われています。

☆☆質問：コルセットについてわかることは何ですか。

選択肢と訳 1 **Some men wore them to look thin.**
2 They could not be worn in England.
3 Women could not wear them in public.
4 Wearing them caused pain in people's backs.

1 細く見えるように着用する男性もいた。
2 イギリスでは着用できなかった。
3 女性は人前では着用できなかった。
4 着けると腰が痛くなった。

vocabulary

□ **passenger**「乗客」
□ **in ~**「～後に」
□ **as scheduled**「予定通りに」
□ **exit**「出口」
□ *be* **careful of ~**「～に注意する」
□ **accident**「事故」
□ **give directions**「道案内をする」

□ **clothes**「服」
□ **corset**「コルセット」
□ **make *A do***「Aに～させる」
□ **look**「～に見える」
□ **thin**「細い」
□ **in addition**「さらに、加えて」
□ **pain**「痛み」
□ **back**「腰、背中」
□ **in public**「人前で」
□ **cause**「～を引き起こす」

	Theme 1
	Theme 2
	Theme 3
	Theme 4
	Theme 5
	Theme 6
	Theme 7
	Theme 8
	Theme 9
	Theme 10
	Theme 11
	Theme 12
	Theme 13

解説 コルセットについて説明する英文です。corsetという単語はなじみがないかもしれませんが、それが何なのか、1文目でwomen have been wearing special clothes called corsets（女性はコルセットと呼ばれる特別な服を着て）、to make their bodies look thinner（体を細く見せる）というように説明がなされています。質問は「コルセットについてわかることは何ですか」。解答根拠は3文目in the 18th century in England, men also wore corsets to look thin（18世紀のイギリスでは、男性も細く見えるようにコルセットを着用していた）で、**1**が正解です。

2「イギリスでは着用できなかった」は3文目の内容に矛盾します。**3**「女性は人前では着用できなかった」は述べられていません。**4**は放送文のpainという単語から連想されるひっかけです。

vocabulary

(3) **解答** 3

放送された英文

☆Maki is a first-year high school student from Japan and she has decided to study abroad. She saw some online videos of students having a lot of fun in high schools in the United States. Her teacher said it would be better for her to graduate before she goes abroad, but Maki wanted to have the same experience as the ones she saw on the Internet.

☆☆Question: Why did Maki decide to study abroad?

□**study abroad**「留学する」

□**graduate**「卒業する」

□**experience**「経験」

□**advertisement**「広告」

□**overseas**「海外で」

日本語訳 ☆マキは日本の高校1年生で留学することを決意しました。彼女はアメリカの高校で楽しく過ごす生徒たちのネット動画を見ました。彼女の先生は、留学する前に卒業したほうが良いだろうと言いましたが、マキはインターネットで見たのと同じ経験をしたいと思いました。

☆☆質問：マキはなぜ留学することを決めましたか。

選択肢と訳 1 There was an advertisement at her school.
2 A teacher told her about a course.
3 She wanted to experience high school life overseas.
4 Her classmates said it would be fun.

1 彼女の学校に広告があった。
2 先生が彼女にコースについて伝えた。
3 彼女は海外で高校生活を経験したかった。
4 彼女のクラスメートが楽しいだろうと言った。

解説 マキが留学を決意した経緯を説明する英文です。質問は「マキはなぜ留学することを決めましたか」。そのマキの決意の経緯については2文目でShe saw some online videos of students having a lot of fun in high schools in the United States（彼女はアメリカの高校で楽しく過ごす生徒たちのネット動画を見ました）と述べられています。さらに3文目にはMaki wanted to have the same experience as the ones she saw on the Internetとあります。onesはexperiencesを指すので、マキがしたいthe ones she saw on the Internetは「インターネットで見た経験」です。この経験は、2文目のShe saw some online videos of students having a lot of fun in high schools in the United Statesで述べられているので、正解はそのことをexperience high school life overseas（海外で高校生活を経験する）と言い換えた**3**です。

1「彼女の学校に広告があった」については述べられていません。**2**「先生が彼女にコースについて伝えた」については述べられていませんし、先生がマキに伝えたことはit would be better for her to graduate before she goes abroad（留学する前に卒業したほうが良いだろう）ということです。**4**「彼女のクラスメートが楽しいだろうと言った」についても述べられていません。

(4) **解答** 2

放送された英文

☆There is a place in South Africa called Stormkaap. It is famous because the Indian Ocean and the Atlantic Ocean meet near there. One ocean is warm and the other is cold, so when they meet, they make big waves. Many ships have been damaged or destroyed by these dangerous waves. Two different colors can also be seen in the water, so Stormkaap gets many visitors every year.

☆☆Question: What is one thing the speaker says about Stormkaap?

□**Atlantic Ocean**「大西洋」

□**the other**「（2つのうちの）もう一方」

□**damage**「〜を傷つける」

□**destroy**「〜を破壊する」

□**dangerous**「危険な」

日本語訳 ☆南アフリカにストームカープと呼ばれる場所があります。それはインド

洋と大西洋がその近くで合流するので有名です。一方の海は温かく、もう一方の海は冷たいので、それらが合流すると大きな波が立ちます。多くの船がこの危険な波によって傷つけられたり破壊されたりしています。水中には2つの異なる色も見られるので、ストームカープには毎年多くの観光客が訪れます。

☆☆質問：ストームカープについて話し手が言っていることは何ですか。

選択肢と訳
1 Many ships are made there.
2 **A warm ocean meets a cold one there.**
3 Visitors damage the beautiful beaches there.
4 The daily temperature changes quickly there.

1 多くの船がそこで作られている。
2 温かい海と冷たい海がぶつかる。
3 観光客はそこの美しいビーチを傷つける。
4 そこでは毎日の気温がすばやく変わる。

解説 ストームカープと呼ばれる場所について説明する英文です。質問は「ストームカープについて話し手が言っていることは何ですか」。3文目でOne ocean is warm and the other is cold, so when they meet, they make big waves（一方の海は温かく、もう一方の海は冷たいので、それらが合流すると大きな波が立つ）と述べられているので、**2**が正解です。選択肢のa cold oneのoneはoceanを受ける代名詞です。
1や**3**はshipやdamageという放送文の単語から連想されるひっかけです。
4「毎日の気温がすばやく変わる」については述べられていません。

(5) **解答** 3

▶放送された英文
☆Patricia is a busy lawyer with little free time. She feels stressed at work, and she is looking for a way to relax. She read an article about a woman who does yoga before work. Patricia thought she would have time to exercise for about 15 minutes every morning, so she ordered a yoga mat online to get started.

☆☆Question: Why does Patricia want to do yoga?

日本語訳 ☆パトリシアは忙しい弁護士で、自由な時間はほとんどありません。彼女は仕事中にストレスを感じ、リラックスする方法を探していました。彼女は仕事の前にヨガをする女性の記事を読みました。パトリシアは、毎朝15分ほど運動する時間があると思い、始めるためにヨガマットをネットで注文しました。

☆☆質問：パトリシアはなぜヨガをしたいのですか。

選択肢と訳
1 She got advice from a lawyer.
2 She was given a yoga mat by a friend.
3 **She has been suffering from stress.**
4 She plans to write an article about it.

1 彼女は弁護士からアドバイスをもらった。
2 彼女は友達からヨガマットをもらった。
3 彼女はストレスに苦しんできた。
4 彼女はそれに関する記事を書くことを計画している。

解説 多忙なパトリシアのストレス解消、リラックス法に関する英文です。彼女は、little free time（時間がほとんどない）、feels stressed at work（仕事でストレスを感じている）という状態ですが、最終文でshe ordered a yoga mat online（ヨガマットをネットで注文しました）とあり、ストレス解消のためにヨガを始める予定だとわかります。質問は「パトリシアはなぜヨガをしたいのですか」なので、ヨガを始めるきっかけとなったfeels stressed at workをhas been suffering from stress（ストレスに苦しんできた）と言い換えている**3**が正解。
1「彼女は弁護士からアドバイスをもらった」は彼女自身が弁護士であるため誤り。**2**「彼女は友達からヨガマットをもらった」については、ヨガマットは自分で注文したので誤り。**4**「彼女はそれに関する記事を書くことを計画している」については、彼女が記事を書くのではなく、放送文ではShe read an article（彼女は記事を読んだ）となっているので誤り。

□ **lawyer**「弁護士」
□ **feel stressed**「ストレスを感じる」
□ **article**「記事」
□ **yoga**「ヨガ」
□ **get started**「始める」
□ **suffer from ～**「～に苦しむ」

(6) 解答 **1**

▶放送された英文

☆Pete has worked at the same company for three years. When he first started, he worked as a sales assistant. Now, he is in charge of hiring new employees. He works with new people every week. Sometimes, he misses working in sales, but he really enjoys helping new employees get used to the company.

☆☆Question: What is true about Pete?

日本語訳 ☆ピートは同じ会社で3年間働いています。入社当初、彼は営業アシスタントとして働いていました。今は新入社員の採用を担当しています。彼は毎週新しい人たちと働いています。時々、営業の仕事ができないのを寂しく思うこともありますが、新入社員が会社に慣れるのを手伝うのをとても楽しんでいます。

☆☆質問：ピートについて正しいのはどれですか。

選択肢と訳 **1 He no longer works in sales.**
2 He does not enjoy his job.
3 He will work at a new company.
4 He wants to get an assistant.

1 もう営業職で働いてはいない。
2 仕事を楽しんでいない。
3 新しい会社で働くつもりだ。
4 アシスタントを雇いたがっている。

解説 ピートの仕事内容について説明する英文です。質問は「ピートについて正しいのはどれですか」。1文目はhas worked at the same company for three years（同じ会社で3年間働いている）と述べられています。2文目はWhen he first started（入社当初）という過去の話で、worked as a sales assistant（営業アシスタントとして働いていた）と述べられています。続く3文目はNow（今は）から始まり、he is in charge of hiring new employees（新入社員の採用を担当している）と、現在の仕事内容が述べられています。5文目にはhe misses working in sales（営業の仕事ができないのを寂しく思う）とあることから、現在ピートは営業の仕事はしていないことがわかります。したがって、その内容をno longer works in sales（もう営業職で働いてはいない）と言い換えた**1**が正解です。
2「仕事を楽しんでいない」は5文目の内容に矛盾します。**3**「新しい会社で働く」は述べられていません。**4**はassistantという放送文の単語から連想されるひっかけです。

□ **sales**「営業」

□ **assistant**「アシスタント、助手」

□ **in charge of ~**「~の担当で」

□ **hire**「~を雇う」

□ **employee**「社員、従業員」

□ **miss** *doing*「~できないのを寂しく思う」

□ **get used to ~**「~に慣れる」

□ **no longer**「もはや~ない」

(7) 解答 **1**

▶放送された英文

★Kenji is a student and he collects model cars from around the world. He has many Japanese ones, but he wants one made in Germany. Kenji thought of borrowing money from his father to buy it. However, his mother suggested that he sell some things he does not use any more, such as his guitar. Kenji took her advice and put his guitar up for sale online.

☆☆Question: How does Kenji plan to get the money for a model car made in Germany?

日本語訳 ★ケンジは学生で、世界中のモデルカーを集めています。日本のものもたくさん持っていますが、ドイツのものが欲しいです。ケンジはそれを買うために父親からお金を借りることを考えました。しかし、彼の母親はギターなど、もう使わないものを売ることを提案しました。ケンジは彼女のアドバイスに従って、ギターをネットで売りに出しました。

☆☆質問：ケンジはドイツ製のモデルカーのためのお金をどのように得るつもりですか。

選択肢と訳 **1 By selling things he does not need.**
2 By canceling his trip to Germany.
3 By borrowing money from his father.
4 By teaching students to play the guitar.

1 不要なものを売ることによって。
2 ドイツへの旅行をキャンセルすることによって。

□ **collect**「~を集める」

□ **Germany**「ドイツ」

□ **suggest**「~を提案する」

□ **not ~ any more**「もはや~ない」

□ **such as ~**「例えば~のような」

□ **take** *one's* **advice**「~のアドバイスに従う」

□ **put** *A* **up for sale**「Aを売りに出す」

□ **cancel**「~を中止する」

3 父親からお金を借りることによって。

4 生徒にギターの演奏を教えることによって。

解説 ケンジのモデルカーを集めるという趣味に関する英文です。2文目のonesやoneはそれぞれ複数形のmodel carsと単数形のmodel carを指し、ケンジは日本のモデルカーをたくさん持っているものの、ドイツのモデルカーは持っていないと、ケンジの趣味について具体的に説明されています。質問は「ケンジはドイツ製のモデルカーのためのお金をどのように得るつもりですか」。お金を得る方法については、3文目のborrowing money from his father（父親からお金を借りる）という自分の考えと、4文目のsell some things he does not use any more（もう使わないものを売る）という母親の提案があります。5文目でKenji took her advice（ケンジは彼女のアドバイスに従った）とあり、her adviceの内容は4文目のsell some things he does not use any moreです。それをselling things he does not need（不要なものを売る）と言い換えた**1**が正解。

2「ドイツへの旅行をキャンセルすることによって」は、ドイツへ旅行すること自体述べられていないので誤り。**3**「父親からお金を借りることによって」は、ケンジが選ばなかった手段なので、本文とは正反対の内容。**4**「生徒にギターの演奏を教えることによって」は本文中のguitarという単語から連想されるひっかけ。

(8) **解答** **4**

▶放送された英文

★Natalie goes to college and works part time at a bakery. Her final exams are starting soon, so she needs more time to study. She does not want to quit her job, so she talked to her manager about it. He recommended that she continue to work on weekends but stop working during the week. Natalie thought it was a good idea and took his advice.

☆☆Question: How did Natalie solve her problem?

日本語訳 ★ナタリーは大学に通いながら、パン屋でアルバイトをしています。もうすぐ期末試験が始まるので、もっと勉強する時間が必要です。彼女はその仕事を辞めたくないので、責任者にそのことについて相談しました。彼は、週末は働き続けるものの、平日は仕事をしないことを勧めました。ナタリーはそれが良い考えだと思い、彼のアドバイスに従いました。

☆☆質問：ナタリーはどのように問題を解決しましたか。

選択肢と訳 **1** By looking for another job.

2 By working less on weekends.

3 By buying less bread.

4 By talking to her manager.

1 別の仕事を探すことによって。

2 週末の仕事を減らすことによって。

3 パンを買う量を減らすことによって。

4 責任者に相談することによって。

解説 大学生のナタリーのアルバイトと勉強の両立についての英文です。質問は「ナタリーはどのように問題を解決しましたか」。ナタリーの問題については、2文目のHer final exams are starting soon, so she needs more time to study（もうすぐ期末試験が始まるので、もっと勉強する時間が必要）、と3文目のShe does not want to quit her job（その仕事を辞めたくない）から、アルバイトと勉強の両立であるとわかります。3文目の後半でso she talked to her manager about it（だから責任者にそのことについて相談した）とあり、5文目でtook his advice（彼のアドバイスに従った）と述べられています。責任者に相談したことが解決につながったことがわかるので、**4**が正解です。

1「別の仕事を探す」は3文目、**2**「週末の仕事を減らす」は4文目の内容と矛盾します。**3**「パンを買う量を減らす」については述べられていません。

(9) **解答** **3**

▶放送された英文

☆Welcome to tonight's performance of *Swan Lake*. The ballet will be in four parts, and the main role will be played by Wakako Takizawa. There will be a 20-minute break after the second part. Flowers can be given to the dancers in the lobby after

□**work part time**「アルバイトをする」

□**exam**「試験」

□**quit**「〜を辞める」

□**manager**「責任者」

□**recommend**「〜を勧める」

□**continue to** *do*「〜し続ける」

□**on weekends**「毎週末」

□**advice**「アドバイス、助言」

□**ballet**「バレエ」

□**role**「役割」

□**break**「休憩」

the performance. Please do not take any food or drinks with you to your seats. We hope you enjoy the performance.

☆☆Question: What can people do after the performance?

日本語訳 ☆ようこそ、今夜の上演『白鳥の湖』へ。バレエは4部構成で、主役はワカコ・タキザワによって演じられます。第2部終了後、20分間の休憩があります。上演の後は、ロビーにてダンサーに花をお渡しできます。お席への飲食物のお持ち込みはご遠慮ください。上演をお楽しみください。

☆☆質問：上演の後人々は何ができますか。

選択肢と訳 1 Join a party in the lobby.
2 Enjoy free food and drinks.
3 **Present flowers to dancers.**
4 Hear a 20-minute talk about ballet.

1 ロビーでパーティに参加する。
2 無料の飲み物や食べ物を楽しむ。
3 ダンサーに花をプレゼントする。
4 バレエに関する20分の講演を聞く。

解説 ダンスの上演に関するアナウンスです。質問は「上演の後人々は何ができますか」で、質問と同じ after the performance が含まれる4文目の Flowers can be given to the dancers in the lobby after the performance.（上演の後は、ロビーにてダンサーに花をお渡しできます）が解答根拠です。この Flowers can be given を Present flowers（花をプレゼントする）と言い換えた **3** が正解です。**1**「ロビーでパーティに参加する」は述べられていません。**2**「無料の飲み物や食べ物を楽しむ」は5文目の内容と矛盾します。**4**「バレエに関する20分の講演を聞く」は本文中の 20-minute という単語を使ったひっかけ。

---

(10) **解答** **2**

放送された英文

☆In recent years, the terms "cookies" and "biscuits" have sometimes been used to mean the same baked snacks. However, they were originally very different. Bakers used to make cookies to test the temperatures of ovens before baking cakes, and biscuits were originally eaten as food by sailors on very long trips.

☆☆Question: In what way were the first cookies and biscuits different?

日本語訳 ☆近年、「クッキー」と「ビスケット」という言葉が、時々同じ焼き菓子の意味で使われています。しかし、それらはもともとは全く違うものでした。パン屋はかつて、ケーキを焼く前にオーブンの温度を調べるためにクッキーを作っていて、ビスケットはもともと船乗りが長旅をするときに食料として食べるものでした。

☆☆質問：最初のクッキーとビスケットはどのように違っていましたか。

選択肢と訳 1 They were decorated with different colors.
2 **They were made for different purposes.**
3 They were sold at different events.
4 They were served with different meals.

1 異なる色で飾られていた。
2 異なる目的で作られた。
3 異なるイベントで売られた。
4 異なる食事に添えられていた。

解説 クッキーとビスケットについて説明する英文です。質問は「最初のクッキーとビスケットはどのように違っていましたか」。2文目で they were originally very different（それら（＝クッキーとビスケット）はもともとは全く違うものだった）と述べられており、解答根拠はその違いを具体的に述べた3文目 Bakers used to make cookies to test the temperatures of ovens before baking cakes, and biscuits were originally eaten as food by sailors on very long trips.（パン屋はかつて、ケーキを焼く前にオーブンの温度を調べるためにクッキーを作っていて、ビスケットはもともと船乗りが長旅をするときに食料として食べるものだった）です。この内容を made for different purposes（異なる目的で作られた）とまとめた **2** が正解です。**1**「異なる色で飾られていた」、**3**「異なるイベントで売られた」、**4**「異なる食事に添えられていた」についてはどれも「ケーキを焼く前にオーブンの温度を

□ **seat**「席」

□ **in recent years**「近年」
□ **term**「言葉」
□ **baked snack**「焼き菓子」
□ **originally**「もともとは」
□ **used to** *do*「かつて〜していた」
□ **oven**「オーブン」
□ **sailor**「船乗り」
□ **decorate** *A* **with** *B*「Aを Bで飾る」
□ **serve**「〜（料理など）を出す」
□ **meal**「食事」

Theme 1
Theme 2
Theme 3
Theme 4
Theme 5
Theme 6
Theme 7
Theme 8
Theme 9
Theme 10
Theme 11
Theme 12
Theme 13

調べるためにクッキーを使う」「船乗りが長旅をするときにビスケットを食料として食べる」という内容のまとめとして適切ではありません。

(11) **解答** **2**

▶放送された英文

★Trevor went camping with two friends. The campsite was very crowded, so they had to put up their tents a long way from the bathroom. During the night, Trevor had to get up to go to the bathroom. It took him a long time to find it in the dark, and then he could not find his tent again. He had to call one of his friends on his smartphone to ask for help.

☆☆Question: What happened to Trevor while he was camping?

日本語訳 ★トレバーは友人2人とキャンプに行きました。キャンプ場はとても混んでいたので、彼らはトイレから遠い場所にテントを張らなければなりませんでした。夜中、トレバーはトイレに行くために起きなければなりませんでした。彼は暗闇の中でトイレを見つけるのに時間がかかり、それからテントが見つからなくなりました。彼は助けを求めるためにスマートフォンで友人の1人に電話しなければなりませんでした。

☆☆質問：キャンプ中にトレバーに何が起こりましたか。

選択肢と訳 **1** He broke his smartphone.
2 He got lost at night.
3 He had no place to put up his tent.
4 He could not help his friend.

1 彼は自分のスマートフォンを壊した。
2 彼は夜に迷子になった。
3 彼はテントを張る場所がなかった。
4 彼は友達を助けることができなかった。

解説 トレバーが友人とキャンプをしたときの経験を説明する英文で、トレバーが経験したことが次のように時系列に従って説明されています。

The campsite was very crowded, so they had to put up their tents a long way from the bathroom. (キャンプ場はとても混んでいたので、彼らはトイレから遠い場所にテントを張らなければならなかった)

→During the night, Trevor had to get up to go to the bathroom. (夜中、トレバーはトイレに行くために起きなければならなかった)

→It took him a long time to find it in the dark (彼は暗闇の中でトイレを見つけるのに時間がかかった)

→he could not find his tent again (テントが見つからなくなった)

→He had to call one of his friends on his smartphone to ask for help. (彼は助けを求めるためにスマートフォンで友人の1人に電話しなければならなかった)。

質問は「キャンプ中にトレバーに何が起こりましたか」で、先ほどの経験の「夜中にトイレに起きて、テントを見つけられなくなったこと」を got lost at night (夜に迷子になった)と言い換えている **2** が正解。

1「彼は自分のスマートフォンを壊した」は、英文のスマートフォンで電話をした、という内容と矛盾しています。**3**「彼はテントを張る場所がなかった」は、テント自体は張ることができているので誤り。**4**「彼は友達を助けることができなかった」については、トレバーが助けを求める側なので誤り。

(12) **解答** **2**

▶放送された英文

☆Nolan has three young daughters, and he wants them to go to university someday. He went to a bank to get some information about long-term savings plans. He decided to open a special account and to save 10 percent of his salary automatically each month. He is not sure if there will be enough money when his daughters finish high school, but he thinks it is a good start.

☆☆Question: What did Nolan decide to do?

日本語訳 ☆ノーランには幼い娘が3人いて、いつか大学に行ってほしいと考えています。彼は長期貯蓄プランについての情報を得るために銀行に行きました。彼は特別口座を開設し、毎月給料の10%を自動的に貯蓄することにしました。娘たちが高校を卒業したときに十分な資金があるかどうかは

vocabulary

□ **go camping**「キャンプに行く」

□ **campsite**「キャンプ場」

□ **crowded**「混んでいる」

□ **put up ～**「～（テント）を張る」

□ **bathroom**「お手洗い」

□ **dark**「暗闇」

□ **get lost**「迷子になる」

□ **want A to do**「Aに～してほしい」

□ **someday**「いつか」

□ **long-term**「長期の」

□ **savings**「預金」

□ **account**「（銀行などの）口座」

□ **salary**「給料」

確信がありませんが、彼はこれが良いスタートだと考えています。
☆☆質問：ノーランは何をすることにしましたか。

選択肢と訳　**1** Borrow money from a bank.
2 Open a special savings account.
3 Help his daughters find a university.
4 Get information about starting a business.

　1 銀行からお金を借りる。
　2 特別貯蓄口座を開設する。
　3 娘たちの大学探しを手伝う。
　4 起業に関する情報を得る。

解説　ノーランが考えている、娘たちの教育費についての英文です。質問は「ノーランは何をすることにしましたか」。2文目でwent to a bank to get some information about long-term savings plans（長期貯蓄プランについての情報を得るために銀行に行き）、3文目でopen a special account（特別口座を開設）して、save 10 percent of his salary automatically each month（毎月給料の10%を自動的に貯蓄）することに決めたとわかります。それをOpen a special savings account.（特別貯蓄口座を開設する）とまとめた**2**が正解です。
　1や**3**は放送文のbankやuniversityといった単語から連想されるひっかけです。**4**「起業に関する情報」については述べられていません。

(13)　**解答**　**3**

放送された英文
☆Traditional fairy tales such as "Rapunzel," published by the Brothers Grimm in 1812, have changed a lot over the years. In the past, fairy tales contained more violence, and they scared young boys and girls. However, these days, most fairy tales are told with cute pictures, and they have happy endings that make children feel safe.
☆☆ Question: How were traditional fairy tales different in the past?

日本語訳　☆1812年にグリム兄弟によって出版された『ラプンツェル』のような伝統的なおとぎ話は、長い年月の間に大きく変わりました。昔は、おとぎ話はもっと暴力的で、少年少女を怖がらせていました。しかし最近では、ほとんどのおとぎ話がかわいい絵とともに語られ、子どもたちを安心させるハッピーエンドで終わります。
☆☆質問：伝統的なおとぎ話は昔はどのように異なっていましたか。

選択肢と訳　**1** They were told with more pictures.
2 They were loved more by boys than girls.
3 They were scarier than they are now.
4 They were mostly told by children.

　1 より多くの絵で語られた。
　2 女の子より男の子によって愛されていた。
　3 今よりも恐ろしかった。
　4 ほとんど子どもたちによって語られていた。

解説　1文目のTraditional fairy tales... have changed a lot over the years.（伝統的なおとぎ話は長い年月の間に大きく変化してきた）から、おとぎ話の変化に関する英文だと推測できます。何かの変化を説明する内容を聞き取る際には、変化前と変化後の特徴をおさえることが重要です。今回の問題の場合、変化前については、2文目の In the past 以降に fairy tales contained more violence, and they scared young boys and girls（おとぎ話はもっと暴力的で、少年少女を怖がらせていました）とあります。変化後については、3文目のHowever, these days 以降に most fairy tales are told with cute pictures, and they have happy endings that make children feel safe（ほとんどのおとぎ話がかわいい絵とともに語られ、子どもたちを安心させるハッピーエンドで終わります）とあり、おとぎ話の変化の特徴は「暴力的な要素が排除されたこと」であるとわかります。質問は「伝統的なおとぎ話は昔はどのように異なっていましたか」と、変化前の特徴に関するものなので、2文目の contained more violence, and they scared young boys and girls を were scarier than they are now（今より恐ろしかった）と言い換えている**3**が正解。
　1の「より多くの絵で語られた」という特徴は、今のおとぎ話の特徴なので誤り。

２、４については述べられていません。

(14) 解答 **3**

▶ 放送された英文

☆Welcome to the Annual Education Convention. Due to a technical error, the wireless Internet cannot be used right now. We hope to have it fixed as soon as possible. Those who need the Internet to prepare for their presentations can use one of the computers in the library on the first floor. Staff members are waiting there to assist you. Thank you for your understanding.

☆☆ Question: What is this announcement about?

日本語訳 ☆年次教育集会へようこそ。現在、技術的なエラーのため、ワイヤレスインターネットを使用することができません。できるだけ早く復旧する予定です。プレゼンテーションの準備のためにインターネットが必要な方は、1階の図書室にあるコンピュータをご利用ください。スタッフがお待ちしております。ご了承ください。

☆☆質問：このアナウンスは何についてですか。

選択肢と訳 **1** There are not enough staff members today.
2 There are no computers that can use the Internet.
3 There is a problem with the Internet service.
4 There is a show before the next event.

1 今日はスタッフが足りない。
2 インターネットを使えるコンピュータがない。
3 インターネットサービスに問題がある。
4 次のイベントの前にショーがある。

解説 教育集会でのアナウンスです。Welcome to ~（~へようこそ）という呼びかけから始まっていることから、アナウンスであると見抜きましょう。質問は「このアナウンスは何についてですか」。2文目に Due to a technical error, the wireless Internet cannot be used right now.（現在、技術的なエラーのため、ワイヤレスインターネットを使用することができない）と述べられています。この内容を There is a problem with the Internet service.（インターネットサービスに問題がある）と言い換えた **3** が正解です。
1「スタッフが足りない」は5文目、**2**「インターネットを使えるコンピュータがない」は4文目の内容と矛盾します。**4**「次のイベントの前にショーがある」については述べられていません。

□ **annual**「年次の、年1回の」

□ **education**「教育」

□ **convention**「集会」

□ **due to ~**「~のため、~のせいで」

□ **technical error**「技術的なエラー」

□ **have A done**「Aを ~ してもらう」

□ **fix**「~を修理する」

□ **as soon as possible**「できるだけ早く」

□ **those who ~**「~する人々」

□ **announcement**「アナウンス、お知らせ」

(15) 解答 **4**

▶ 放送された英文

☆Petra is studying to become a hairdresser. She has to give 10 successful haircuts to get a certificate from the beauty college. She put an advertisement for free haircuts on a social networking site, and many people signed up right away. Petra cut their hair and asked them to complete a questionnaire about her skills. Everyone thought she was very good.

☆☆ Question: Why did Petra give free haircuts?

日本語訳 ☆ペトラは美容師になるために勉強しています。彼女は美容専門学校から資格をもらうために、10回ヘアカットを成功させなければなりません。彼女はソーシャルネットワーキングサイトに無料のヘアカットの広告を出し、多くの人がすぐに申し込みました。ペトラは彼らの髪を切り、彼女の技術についてのアンケートに答えてもらうようお願いしました。みんなペトラはとても上手だと思いました。

☆☆質問：ペトラはなぜ無料でヘアカットをしましたか。

選択肢と訳 **1** To prepare for a competition.
2 To advertise her new business.
3 To thank people for their help.
4 To get a college certificate.

1 大会に向けて準備をするため。
2 彼女の新しいビジネスを宣伝するため。
3 助けてくれたことに対して人々に感謝するため。
4 専門学校の資格を手に入れるため。

□ **hairdresser**「美容師」

□ **haircut**「ヘアカット（髪の毛を切ること）」

□ **certificate**「資格」

□ **beauty college**「美容専門学校」

□ **advertisement**「広告」

□ **social networking site**「ソーシャルネットワーキングサイト」

□ **sign up**「申し込む」

□ **right away**「すぐに」

□ **complete**「~に記入する」

□ **questionnaire**「アンケート」

□ **competition**「大会」

□ **advertise**「~を宣伝する」

解説 美容専門学校に通うペトラに関する英文です。質問は「ペトラはなぜ無料でヘアカットをしましたか」。2 文目に She has to give 10 successful haircuts to get a certificate from the beauty college.（彼女は美容専門学校から資格をもらうために、10 回ヘアカットを成功させなければなりません）、そして 3 文目には She put an advertisement for free haircuts（無料のヘアカットの広告を出しました）とあるので、無料でヘアカットをした理由は美容専門学校から資格をもらうためだとわかります。したがって正解は **4**「専門学校の資格を手に入れるため」です。

1、**3** については述べられていません。**2**「彼女の新しいビジネスを宣伝するため」は英文の advertisement という単語から連想されるひっかけ。

vocabulary

□ **thank _A_ for _B_**「A に B に対して感謝する」

> リスニングでは、良い準備をして要点を的確に聞き取ることが大切です。放送文が流れる前には選択肢を読んで聞きどころを把握しておき、放送文が流れてからはリスニングに集中して、大まかな流れをとることを心がけましょう。

リスニングの問題を解いた後は、音声を使ってトレーニングしましょう。スクリプトを見ながら音声を聞いて、自分でも音読してみると良いです。音声を聞いて書き起こすディクテーションもおすすめです。

Chapter

4

読
Reading

● ポイント解説
● トレーニング問題

短文の語句空所補充問題をおさえよう！

Point① 2級の短文の語句空所補充問題はどんな問題？

○短い英文や2人の対話文の空所に入る適切な語を選ぶ問題です。
○問題数：17問

Point② 2級の短文の語句空所補充問題の攻略方法とは？

○単語の用法をおさえる！

　単語の意味を知っていることはもちろん、その語がどういった形を取るのかを知っておくと解きやすい問題があります。また、それを知っていればスピーキングやライティングに活かすことができます。
　それでは早速、3問の例題に取り組んでみましょう。

【 例題 1 】

There are very few houses in the north part of Silver City. It is an (　　　　) area filled with factories and warehouses.
1 emergency　**2** instant　**3** industrial　**4** environmental

（2022年度第3回（3））

解説

空所の後ろを見ると、area filled with factories and warehouses「工場と倉庫がたくさんある地域」とあるので、そのような地域を示すために **3** industrial「産業の」を入れて「産業地域」とすれば文意に合います。

他の選択肢を吟味します。それぞれemergency「緊急の」、instant「即時の」、environmental「環境の」という意味です。空所の後ろが「工場と倉庫がたくさんある地域」であることを考えるといずれも文脈に合いません。

また、今回の問題は単語の意味を知っていれば解ける問題でした。単語帳や過去問演習を通し、きちんと知識を増やしていきましょう。

解答　**3**

日本語訳

シルバー市の北部には、ほとんど家がありません。そこは工場と倉庫がたくさんある**産業地域**です。
1 緊急の　**2** 即時の　**3** 産業の　**4** 環境の

Theme
1

Theme
2

Theme
3

Theme
4

Theme
5

Theme
6

Theme
7

Theme
8

Theme
9

Theme
10

Theme
11

Theme
12

Theme
13

【 例題 2 】

A：After visiting Kyoto, why don't we go see Sendai tomorrow?
B：Look at the map! Those two places are too far from each other. That won't (　　　　).
1 live on　**2** account for　**3** cope with　**4** work out

（2021年度第 3 回（12））

解説

空所の前を見ると、Those two places are too far from each other.「それら 2 つの場所はお互い離れすぎているよ」とあり、離れていて行くことが難しいとわかるので、**4 work out**「うまくいく」を入れ、「それはうまくいかないだろう」とすれば文意に合います。

他の選択肢は live on「～で生活する」、account for「～を説明する、～を占める」、cope with「～を処理する、～に対処する」です。cope with ＝ deal with ＝ address であることもおさえておきましょう。

また、この問題は「熟語・イディオムの知識」を問う問題でした。間違いの選択肢も正解として他の回に出題されることがあるので、しっかり復習しておきましょう。

解答　4

日本語訳

A：京都を訪れた後、明日仙台を見に行かない？
B：地図を見てみてよ。それら 2 つの場所はお互い離れすぎているよ。それは**うまくいかないだろう**。
1 生活する　**2** 説明する　**3** 処理する　**4** うまくいく

【 例題 3 】

Andy focused on (　　　　　　　) for his science report. It was about how certain birds lost the ability to fly over millions of years.
1 evolution　**2** landscape　**3** humanity　**4** psychology

（2021年度第 2 回（7））

解説

空所の後ろを見ると、It was about how certain birds lost the ability to fly over millions of years.「それはある鳥が数百万年の間にどのように飛ぶ能力を失ったかについてであった」とあり、鳥の能力がどのように消失したかを調べているので、**1 evolution**「進化」を入れて、「進化に焦点をあてた」とすれば文意に合います。

解答　1

日本語訳

アンディーは彼の科学の報告書で、**進化に焦点をあてました**。それはある鳥が数百万年の間にどのように飛ぶ能力を失ったかについてでした。
1 進化　**2** 景色　**3** 人類　**4** 心理学

短文の語句空所補充問題にチャレンジしましょう。

☐ (1) Considering that Keiko has only been studying English for six months, she gave a ( ) good English presentation at yesterday's contest. She got second prize.

1 remarkably　　**2** nervously　　**3** suddenly　　**4** carefully　　（2022年度第2回（1））

☐ (2) Julie's teacher asked her to ( ) the new textbooks to all of the students. She had to place one on each desk in the classroom.

1 respond　　**2** negotiate　　**3** collapse　　**4** distribute　　（2022年度第3回（6））

☐ (3) In the game *Invasion!*, each player tries to take over other countries and build an ( ).

1 urgency　　**2** offspring　　**3** empire　　**4** impulse　　（2023年度第1回（9））

☐ (4) Jason has asked his mother several times to stop ( ) his personal life. He is upset that she wants to try to control him even though he is an adult.

1 counting on　　**2** insisting on　　**3** comparing with　　**4** interfering with　　（2022年度第2回（14））

☐ (5) It was raining very hard in the morning, so the government had to wait to ( ) the rocket into space.

1 elect　　**2** impact　　**3** sweep　　**4** launch　　（2022年度第1回（10））

☐ (6) Many people in the United States choose ( ) products instead of foreign ones so as to support American industry.

1 manual　　**2** routine　　**3** domestic　　**4** formal　　（2021年度第2回（2））

☐ (7) Jane bought five silk handkerchiefs. Because she was going to give each one to a different friend, she asked the salesclerk to wrap them ( ).

1 legally　　**2** financially　　**3** accidentally　　**4** individually　　（2023年度第1回（6））

☐ (8) In the heavy rain, the ship's crew members were ( ) of the weather. They had to wait for the storm to pass before they could start the engines safely.

1 at the mercy　　**2** on the point　　**3** in the hope　　**4** off the record　　（2022年度第3回（15））

(1) **解答** **1**

訳 ケイコは6カ月しか英語を勉強していないことを考えると、彼女は昨日のコンテストで**著しく**良い英語のプレゼンテーションを行いました。彼女は2位でした。

1 著しく　　**2** いらいらして　　**3** 突然　　**4** 注意深く

解説 空所の後ろを見ると、She got second prize.「彼女は2位だった」とあり、英語のプレゼンテーションがうまくいっていたことがわかります。よって、**1** remarkably「著しく」を入れて、「著しく良い英語のプレゼンテーションを行った」とすれば文意に合います。

(2) **解答** **4**

訳 ジュリーの先生は彼女に全ての生徒に新しい教科書を**配付する**ようにお願いしました。彼女は教室のそれぞれの机に教科書を置かなければいけませんでした。

1 反応する　　**2** 交渉する　　**3** 崩壊させる　　**4** 配付する

解説 空所の後ろを見ると、She had to place one on each desk in the classroom.「彼女は教室のそれぞれの机に教科書を置かなければいけなかった」とあり、教科書を配付していることがわかるので、**4** distribute「配付する」を入れて、「彼女に新しい教科書を配付するようにお願いした」にすれば文意に合います。distribute = hand out は覚えておきましょう。

(3) **解答** **3**

訳 「インベージョン！」というゲームでは、それぞれのプレーヤーは他の国を支配し、**帝国**を作り上げようとします。

1 緊急　　**2** 子孫　　**3** 帝国　　**4** 衝動

解説 空所の前を見ると、each player tries to take over other countries「それぞれのプレーヤーは他の国を支配しようとする」とあるので、**3** empire「帝国」を入れれば、「帝国を作り上げる」となり「国を支配する」と同じ意味になります。emperor「皇帝」も一緒に覚えておきましょう。

(4) **解答** **4**

訳 ジェイソンは何回もお母さんに彼の人生に**干渉する**のをやめるようにお願いしました。彼はもう大人なのに彼女が管理しようとすることに困惑しています。

1 頼る　　**2** 主張する　　**3** 比べる　　**4** 干渉する

解説 空所の後ろを見ると He is upset that she wants to try to control him even though he is an adult.「彼はもう大人なのに彼女が管理しようとすることに困惑しています」とあり、お母さんが彼の人生に口をはさんでいることがわかります。よって、**4** interfering with「〜に干渉する」を入れて、「彼の人生に干渉するのをやめるように頼んだ」とすれば文意に合います。count on「頼る」= rely on = depend on = look to = rest on であることは覚えておきましょう。

(5) **解答** **4**

訳 今朝雨がとても強く降っていました。だから、政府は宇宙にロケットを**発射する**のを待たなければなりませんでした。

1 選ぶ　　**2** 影響を与える　　**3** 掃除する　　**4** 発射する

解説 空所の前を見ると、It was raining very hard in the morning,「今朝雨がとても強く降っていました」とあり、雨が原因でできないものを考えると、**4** launch「発射する」を入れて、「宇宙にロケットを発射するのを待たなければならなかった」とすれば文意に合います。

(6) **解答** **3**

訳 アメリカにいる多くの人はアメリカの産業を支えるために、海外商品の代わりに国内の商品を選びます。

1 手作業の　　**2** いつもの　　**3** 国内の　　**4** 正式の

□ considering that 〜「〜を考えると」
□ prize「賞」

□ take over 〜「〜を支配する」

□ upset「困惑している」
□ even though 〜「〜だが、〜なのに」

□ instead of 〜「〜の代わりに」
□ so as to *do*「〜するために」

Theme 1
Theme 2
Theme 3
Theme 4
Theme 5
Theme 6
Theme 7
Theme 8
Theme 9
Theme **10**
Theme 11
Theme 12
Theme 13

解説 空所の後ろを見ると、instead of foreign ones「海外の商品の代わりに」とあるので、**3** domestic「国内の」を入れて、「国内の商品を選びます」とすれば文意に合います。

(7) **解答** **4**

訳 ジェーンは5つの絹のハンカチを買いました。それぞれを違った友達にあげる予定だったので、彼女は**個別に**包むように店員にお願いしました。
1 法律的に　**2** 財政的に　**3** 偶然に　**4** 個別に

解説 空所の前を見ると、Because she was going to give each one to a different friend,「彼女はそれぞれを違った友達にあげる予定だったので」とあり、個別に渡す予定だとわかるので、**4** individually「個別に」を入れて、「個別に包むように店員にお願いしました」とすれば文意に合います。**3** accidentally = by chance は覚えておきましょう。

(8) **解答** **1**

訳 大雨の中、船員たちは天候の**なすがまま**でした。彼らは安全にエンジンをかけることができるまで、嵐が去るのを待たなければなりませんでした。
1 なすがままに　**2** しかけている　**3** 願って　**4** 非公式の

解説 空所の後ろを見ると、They had to wait for the storm to pass before they could start the engines safely.「彼らは安全にエンジンをかけることができるまで、嵐が去るのを待たなければなりませんでした」とあるので、**1** at the mercy「なすがままに」を入れて、「大雨の中、船員たちは天候のなすがままでした」とすれば文意に合います。on the point of 〜「今にも〜しそうで」、in the hope of 〜「〜を望んで」、off the record「非公式で」はどれも重要なので覚えておきましょう。

vocabulary

□ **silk**「絹」
□ **salesclerk**「店員」
□ **wrap**「〜を包む」

□ **crew**「船員」
□ **safely**「安全に」

知らなかった熟語やイディオムの意味は必ず覚えておきましょう。

Theme 11 ●ポイント解説

長文の語句空所補充問題をおさえよう！

Point① 2級の長文の語句空所補充問題はどんな問題？

○3パラグラフ程度の長文を読み、空欄にあてはまる選択肢を選ぶ問題です。
○問題数：長文は2つで、1つの長文に対し設問は3問あり、計6問です。

Point② 2級の長文の語句空所補充問題の攻略方法とは？

○各段落の文脈を理解して解く！

長文の空所補充問題は2題です。いずれも、**必ず文脈を読み取って**正解を選んでください。空所を含む文だけでは基本的に答えは導けません。前後の文脈のつながりをきちんと意識して取り組みましょう。

これらに注意して次の例題に取り組みましょう。

A Simple Solution

In the town of Burnham-On-Sea in England, police officer Ashley Jones noticed that there were a number of lonely people. He wanted to find a way to make it easier for these people to (**A**). After thinking about the problem, he came up with the idea of turning some of the benches in local parks into "chat benches." He put a sign on each chat bench which says that if someone sits on the bench, that person does not mind having a conversation with a stranger.

Only a few days after he set up the chat benches, Jones was happy to discover that his idea was working. People who had never met before were sitting on the benches and talking to each other. The benches are making a big difference, especially to (**B**). Many of them live on their own and find it difficult to travel to visit family or friends. In fact, some seniors do not have the chance to have a conversation for days or even weeks.

A recent survey found that over 9 million people in the United Kingdom often feel lonely. Many of them find it difficult to make friends because they are scared of speaking to people they do not know. Jones's simple idea provides an easy and attractive way to solve the problem of loneliness. (**C**), chat benches are becoming very popular. More than 40 benches have been set up across the United Kingdom, and the idea is spreading to other countries, such as Australia and the United States.

(A)

1 understand technology **2** find new homes
3 start talking to others **4** begin doing exercise

(B)

1 the lives of elderly people **2** the local school students
3 people with pets **4** young parents in the town

(C)

1 Indeed **2** Equally
3 On the contrary **4** For one thing

（2021年度第2回（2A））

(A)

空所の文の前を見ると、there were a number of lonely people「孤独な人が多かった」とあり、空所を含む文にはその解決策を入れればよいことがわかります。第1段落4文目 He put a sign on each chat bench which says that if someone sits on the bench, that person does not mind having a conversation with a stranger. 「それぞれのおしゃべりのベンチには、もしベンチに座ったら、その人は知らない人とも気にせず会話を始められるということが書かれている看板を置きました」とあり、座ったら知らない人とでも気にせず会話を始めることができることがわかります。よって、空所には**3** start talking to others を入れると、「孤独な人々が会話を始めやすくなる」となり、文意に合います。

(B)

空所を含む文は The benches are making a big difference, especially to (　　). 「そのベンチはとりわけ、(　　) に大きな影響を与えている」なので、どんなものに影響があったかを探すと、第2段落5文目 In fact, some seniors do not have the chance to have a conversation for days or even weeks. 「実際、一部の高齢者は数日、または数週間会話をする機会がないこともあります」とあり、会話をする機会があまりない高齢者の方への変化があることがわかります。よって、空所には**1** the lives of elderly people「高齢者の生活」を入れれば、文意に合います。

(C)

副詞を入れる問題では、前後関係をきちんと把握すれば解くことができます。空所の前を見ると、Jones's simple idea provides an easy and attractive way to solve the problem of loneliness. 「ジョーンズのシンプルなアイディアは、孤独の問題を解決する簡単で魅力的な方法を提供しています」とあり、後ろには chat benches are becoming very popular. 「おしゃべりのベンチは非常に人気になってきています」とあります。よって、このベンチという考えが簡単で魅力的な方法であり、人気になったというつながりになるので、空所には順接の**1** Indeed「実際」を入れれば文意に合います。

Key

頻出の接続副詞

- ・因果関係　therefore、thus（それゆえ）
- ・例　　　　for example、for instance（例えば）
- ・付け加え　also（〜もまた）、in addition、additionally、moreover、furthermore（さらに）
- ・逆接　　　however、still、nevertheless、nonetheless（しかしながら）、on the other hand（一方で）
- ・対比　　　in / by contrast（逆に）
- ・その他　　otherwise（さもないと）、alternatively（代わりに）、instead（代わりに、そうではなく）

解答　(A) 3　(B) 1　(C) 1

簡単な解決策

イギリスのバーナム・オン・シーという町で、警察官のアシュリー・ジョーンズは、孤独な人々が多いことに気づきました。彼はこれらの人々が他人と会話を始めやすくなる方法を見つけたかったのです。その問題について考えた後、地元の公園にある一部のベンチを「おしゃべりのベンチ」として利用するアイディアを思いつきました。それぞれのおしゃべりのベンチには、もしベンチに座ったら、その人は知らない人とも気にせず会話を始められるということが書かれている看板を置きました。

おしゃべりのベンチを設置してからわずか数日後、ジョーンズはそのアイディアがうまく機能していることを知って満足していました。以前は知り合いでなかった人々がベンチに座り、お互いに会話していました。これらのベンチは、特に高齢者の生活に大きな影響を与えています。彼らの多くは1人で暮らしており、家族や友人を訪ねることが難しいと感じています。実際、一部の高齢者は数日、または数週間会話をする機会がないこともあります。

最近の調査によると、イギリスでは900万人以上の人々が孤独を感じることがよくあるとのことです。彼らの多くは、知らない人々と話すことを恐れて友達を作るのが難しいと感じています。ジョーンズのシンプルなアイディアは、孤独の問題を解決する簡単で魅力的な方法を提供しています。実際、おしゃべりのベンチは非常に人気になってきています。イギリス全土で40以上のベンチが設置され、このアイディアはオーストラリアやアメリカなど他の国々にも広がっています。

(A)
1 科学技術を理解する
2 新しい家を見つける
3 他者に話しかけ始める
4 運動をし始める

(B)
1 高齢者の生活
2 地元の学生
3 ペットを飼っている人
4 町にいる若い親

(C)
1 実際
2 平等に
3 それとは反対に
4 1つの面では

vocabulary

□ **notice**「〜に気づく」

□ **mind**「〜を気にする」

□ **set up 〜**「〜を設置する」

□ **make a difference**「影響を与える」

□ **survey**「調査」

□ **attractive**「魅力的な」

□ **spread**「広がる」

□ **come up with 〜**「〜を思いつく」

□ **conversation**「会話」

□ **discover**「〜を発見する」

□ **senior**「高齢者」

□ **scared**「恐れて」

□ **loneliness**「孤独」

トレーニング問題

目標解答時間 各12分

長文の語句空所補充問題を 2 問解いてみましょう。ポイント解説にあったように、空所の前後の文脈のつながりに注意して読み進めましょう。

(1)

More than Just a Pretty Bird

Parrots are smart and sometimes very colorful birds. They are popular as pets and can often be seen in zoos. Unfortunately, about one-third of parrot species in the wild are in danger of dying out. Examples include hyacinth macaws and Lear's macaws. Each year, some of these birds are caught and sold illegally as pets. (**A**), many are dying because the forests where they live are being cleared to create farmland and to get wood. This has reduced the size of the areas in which they can build nests and collect food.

A study published in the journal *Diversity* revealed that hyacinth macaws and Lear's macaws play an important role in the forests. Researchers studying these parrots in Brazil and Bolivia found that they spread the seeds of 18 kinds of trees. They observed the birds taking fruits and nuts from trees and carrying them over long distances. The birds do this so that they can eat the fruits and nuts later. However, they (**B**). When this happens in areas cleared by humans, the seeds inside the fruits and nuts grow into trees, helping the forests to recover.

Today, conservation groups are working hard to protect hyacinth macaws and Lear's macaws. One difficulty is that these parrots (**C**). An important reason for this is that their eggs are often eaten by other birds. To prevent this, macaw eggs are sometimes removed from their nests by scientists and replaced with chicken eggs. The scientists keep the eggs safe. After the macaw chicks come out of their eggs, they are returned to their parents.

(A)

1 On the contrary   2 Under this
3 What is worse   4 Like before

(B)

1 often go back for more   2 sometimes drop them
3 also eat leaves and flowers   4 bring them to their nests

(C)

1 do not build nests   2 are not easy to catch
3 have poor hearing   4 lose many babies

(2022年度第 1 回 (2B))

単なる美しい鳥以上の存在

オウムは賢く、時に非常に色鮮やかな鳥です。彼らはペットとして人気があり、しばしば動物園で見かけることがあります。残念なことに、野生のオウムの種の約3分の1が絶滅の危機に瀕しています。その例にはスミレコンゴウインコとコスミレコンゴウインコが含まれます。毎年、これらの鳥の一部は違法に捕獲されてペットとして売買されています。さらに悪いことに、彼らが生息する森林は農地や木材を得るために伐採されており、多くの鳥が死亡しています。これにより、巣を作る場所や食物を集める場所の大きさが減少しています。

雑誌『ダイバーシティ』に掲載された研究によると、スミレコンゴウインコとコスミレコンゴウインコは森林に重要な役割を果たしています。ブラジルとボリビアでこれらのオウムを研究した研究者は、これらの鳥が18種類の木の種を広めていることを発見しました。それらが木から果物や実をとって長い距離を運ぶのを彼らは観察しました。後でその果物や実を食べるために鳥たちはこれを行っています。しかしながら、時々それらを落とすこともあります。これが人間によって伐採された地域で起こると、果実や実の中の種が木に成長し、森林の回復を助けます。

現在、保護団体はスミレコンゴウインコとコスミレコンゴウインコを保護するために尽力しています。その難しさの1つは、これらのオウムが多くの赤ちゃんを失うことです。これの重要な理由の1つは、彼らの卵が他の鳥によって食べられることが多いことです。これを防ぐために、スミレコンゴウインコとコスミレコンゴウインコの卵は時には科学者によって巣から取り出され、鶏の卵と交換されることがあります。科学者たちは卵を安全に保管します。スミレコンゴウインコとコスミレコンゴウインコのひなが卵からかえると、彼らは親に返されます。

(1)-(A) 解答 **3**

選択肢の訳　1 それとは反対に　　　2 これの下で
　　　　　　3 さらに悪いことに　　4 以前と同様に

解説　副詞を入れる問題は、前後関係をきちんと把握すれば解くことができます。空所の前を確認するとEach year, some of these birds are caught and sold illegally as pets.「毎年、これらの鳥の一部は違法に捕獲されてペットとして売買されています」とあり、空所の後ろではmany are dying because the forests where they live are being cleared to create farmland and to get wood「彼らが生息する森林は農地や木材を得るために伐採されており、多くの鳥が死亡しています」と同じ内容が述べられています。したがって、**3** What is worse「さらに悪いことに」を入れ、鳥は違法に捕まえられ売られていて、さらに悪いことに住む森林がなくなっていることで死んでしまっているという関係にすれば文意に合います。

(1)-(B) 解答 **2**

選択肢の訳　1 しばしばもっと多くを求めて戻る　　2 時々それらを落とす
　　　　　　3 葉っぱや花を食べたりもする　　　　4 それらを巣に持ち帰る

解説　空所の後ろにWhen this happens in areas cleared by humans, the seeds inside the fruits and nuts grow into trees, helping the forests to recover.「これが人間によって伐採された地域で起こると、果実や実の中の種が木に成長し、森林の回復を助けます」とあり、thisは前の内容を指すのでこれが空所の答えだとわかります。this（これ）が人間が伐採した場所に起きると、果実や実の中の種が木に成長していくので、**2** sometimes drop them「時々それらを落とす」を入れて、「鳥が果実などを持ち帰っているときに時々落としていく」とすれば文意に合います。

(1)-(C) 解答 **4**

選択肢の訳　1 巣を作らない　　　　2 捕まえるのが簡単でない
　　　　　　3 耳の調子が悪い　　　4 多くの赤ちゃんを失う

解説　空所の後ろにAn important reason for this is that their eggs are often eaten by other birds.「これの重要な理由の1つは、彼らの卵が他の鳥によって食べられることが多いことです」とあり、thisは前の内容を指すので、空所を含む文を指していることがわかります。そして、卵が他の鳥に食べられてしまうことが理由なので、空所に **4** lose many babiesを入れて、「これらのオウムが赤ちゃんを失ってしまう」とすれば、文意に合います。

- □ **parrot**「オウム」
- □ **unfortunately**「残念なことに」
- □ *be* **in danger**「危機に瀕している」
- □ **include**「～を含む」
- □ **illegally**「違法に」
- □ **reduce**「～を減少させる」
- □ **nest**「巣」
- □ **collect**「～を集める」
- □ **publish**「～を掲載する」
- □ **journal**「雑誌」
- □ **reveal**「～を示す」
- □ **play an important role**「重要な役割を果たす」
- □ **spread**「～を広める」
- □ **observe**「～を観察する」
- □ **conservation**「保護、保全」
- □ **protect**「～を保護する」
- □ **prevent**「～を防ぐ」
- □ **remove**「～を取り出す」
- □ **replace**「～を交換する」

■ (2)

The Tale of Mejk Swenekafew

Recently, many people have been talking about "fake news" — news reports that are untrue. However, such reports have been around for a long time. They are sometimes used in order to get more people to read newspapers, watch TV programs, or visit online news sites. People also use fake news to spread their political or religious beliefs. However, (**A**) publishing fake news. In 1903 in the city of Clarksburg, West Virginia, fake news was used to check if a newspaper was really writing its own articles.

In the city, there were two rival newspapers, the *Clarksburg Daily Telegram* and the *Clarksburg Daily News*. The *Daily Telegram*'s staff believed that the *Daily News*'s reporters were (**B**). The *Daily Telegram* decided to check whether this was happening. It published a fake news story about a man who had been shot after an argument about a dog. The man's name was Mejk Swenekafew. Soon afterward, exactly the same news appeared in the *Daily News*. However, the reporters at the *Daily News* had not noticed that the name "Swenekafew" was actually "we fake news" written backward. They were forced to admit that they had copied the *Daily Telegram*'s article.

These days, there is more pressure than ever on newspapers, news programs, and news websites to get more readers, viewers, and visitors. In order to do so, they need to report big news stories as quickly as possible. (**C**), they are constantly watching each other to make sure they have the latest stories. However, they need to be careful not to do the same thing that the *Clarksburg Daily News* did.

(A)

1 these are not the only reasons for   **2** there are rules to stop people from
3 many popular websites have been   **4** some TV companies began by

(B)

1 attending an event   **2** planning to quit
3 being paid more   **4** stealing its stories

(C)

1 Despite this   **2** By chance   **3** As a result   **4** On the other hand

138

日本語訳

Mejk Swenekafewの物語

最近、多くの人々が「フェイクニュース」と呼ばれる、事実でないニュース報道について話しています。しかし、このような報道は長い間存在しています。これらは時折、もっと多くの人に新聞を読んでもらったり、テレビ番組を視聴させたり、オンラインニュースサイトを訪れさせたりするために使用されます。人々はまた、政治的または宗教的な信念を広めるためにフェイクニュースを利用することもあります。しかし、**これらは**フェイクニュースを掲載する**唯一の理由ではありません**。1903年、ウェストバージニア州クラークスバーグ市で、新聞が本当に自身の記事を書いているかどうかを確認するためにフェイクニュースが使用されました。

　この都市には、クラークスバーグ・デイリー・テレグラムとクラークスバーグ・デイリー・ニュースという2つの敵対する新聞が存在しました。デイリー・テレグラムのスタッフは、デイリー・ニュースの記者たちが彼らの記事を盗用していると信じていました。デイリー・テレグラムは、これが実際に起こっているかどうかを確認することにしました。彼らは、犬についての口論の後に撃たれた男の偽のニュース記事を掲載しました。その男の名前はMejk Swenekafewでした。その後すぐに、まったく同じニュースがデイリー・ニュースにも掲載されました。しかし、デイリー・ニュースの記者たちは「Swenekafew」という名前が実際には「we fake news」が逆さまに書かれたものであることに気づかなかったのです。彼らはデイリー・テレグラムの記事を真似したことを認めざるを得ませんでした。

　最近では、新聞、ニュース番組、ニュースウェブサイトに対する読者、視聴者、訪問者を増やすための圧力が高まっています。そのためには、大きなニュースをできるだけ早く報じる必要があります。**結果として**、彼らは常に互いを監視し、最新の記事を持っているかどうかを確認しています。ただし、クラークスバーグ・デイリー・ニュースが行ったことと同じことを行わないように注意する必要があります。

(2)-(A)

解答 1

選択肢の訳

1 これらは唯一の理由ではない　　　2 彼らを止めるルールがある
3 多くの人気のあるウェブサイトは　　4 いくつかのテレビ会社は始めた

解説 空所の前を見ると、フェイクニュースが使われる理由が書かれており、空所の後ろにも、fake news was used to check if a newspaper was really writing its own articles「新聞が本当に自身の記事を書いているかどうかを確認するためにフェイクニュースが使用されました」と、フェイクニュースの使用理由が述べられているので、**1** these are not the only reasons forを入れて、「これらは唯一の理由ではなかった」とすれば文意に合います。

(2)-(B)

解答 4

選択肢の訳

1 イベントに参加する　　2 やめる計画をする
3 多くを払われる　　　　4 話を盗む

解説 空所の後ろを見ると、The *Daily Telegram* decided to check whether this was happening.「デイリー・テレグラムは、これが実際に起こっているかどうかを確認することにしました」とあり、これ (this) の内容が空所の内容となることがわかります。以降の文を見ると、It published a fake news story about a man who had been shot after an argument about a dog. The man's name was Mejk Swenekafew. Soon afterward, exactly the same news appeared in the *Daily News*.「彼らは、犬についての口論の後に撃たれた男の偽のニュース記事を掲載しました。その男の名前はMejk Swenekafewでした。その後すぐに、まったく同じニュースがデイリー・ニュースにも掲載されました」と、フェイクニュースを出したらライバル会社に真似されていたことがわかります。よって、**4** stealing its storiesを入れて、「デイリー・ニュースの記者たちは彼らの話を盗んでいた」とすれば文意に合います。

(2)-(C)

解答 3

選択肢の訳

1 これにもかかわらず　　2 偶然
3 結果として　　　　　　4 一方で

解説 副詞を入れる問題では、前後関係をきちんと把握することが大切です。空所の前では In order to do so, they need to report big news stories as quickly as possible.「そのため（読者を引きつけるため）には、大きなニュースをできるだけ早く報じる必要があります」とあり、空所の後ろでは they are constantly watching each other to make sure they have the latest stories「彼らは常に互いを監視し、最新の記事を持っているかどうかを確認しています」とあります。よって、**3** As a result「結果として」を入れて、「早くニュースを報道する必要があり、結果として、常に最新のニュースであるようにお互いを監視している」とすれば良いとわかります。

空所の前後の文脈の
つながりを意識して
読めましたか？

Theme 12

●ポイント解説

筆記**3**に対応!

長文の内容一致選択問題（Ｅメール）をおさえよう！

Point① 2級の長文の内容一致選択問題（Ｅメール）はどんな問題？

○3パラグラフ程度のＥメールを読み、内容と一致する選択肢を選ぶ問題です。

○問題数：メールは1つで設問は3問です。

○1パラグラフの英文の量は平均して5〜6文程度。

Point② 2級の長文の内容一致選択問題（Ｅメール）の攻略方法とは？

○まとめ読みをせず、段落ごとに読み進める！

　段落が3つで、1段落につき1つ設問があることが多いです。1段落読んだら対応する設問に取り組むという流れで進めると、効率よく解き進められます。

早速、次の例題に取り組んでみましょう。

From: Gravelton Comic Show <info@graveltoncomicshow.com>
To: Alice Sullivan <alisulli321@friendlymail.com>
Date: January 22
Subject: Thank you for signing up

....

Dear Alice,

Thank you for signing up online for the eighth annual Gravelton Comic Show. This year's show will be held at the convention center in Gravelton on Saturday, February 18, and it will be our biggest ever. There will be thousands of comic books on sale, including rare items and comic books by local creators, as well as T-shirts, posters, and other goods from your favorite comic books. You'll also have the chance to meet and talk to some of the artists and writers who created them.

As usual, we'll be holding costume contests for visitors. One contest is for kids aged 12 or under, and the other is for everybody else. If you want to participate, please sign up at the reception desk by noon. Please note that your costume must have been made by you. People wearing costumes bought from a store will not be allowed to enter the contest. Be creative, and you might win a fantastic prize.

We ask all visitors to respect one another. Please do not touch other people's costumes or take photos of them without getting permission first. Also, please remember that eating and drinking are not allowed in the main hall of the convention center. In addition to the convention center's cafeteria, there will also be food trucks selling snacks and drinks in the square outside the center.

We look forward to seeing you at the show!

Gravelton Comic Show Staff

(A) At the Gravelton Comic Show, Alice will be able to
  1 purchase comic books made by people from the Gravelton area.
  2 watch movies based on her favorite comic books.
  3 take lessons in how to create her own comic books.
  4 display her paintings of famous comic book characters.

(B) What is one thing that participants in the costume contest need to do?
  1 Make their costumes themselves.
  2 Sign up before coming to the show.
  3 Pay an entry fee at the reception desk.
  4 Explain why they chose their costumes.

(C) Visitors to the Gravelton Comic Show must ask to be allowed to
  1 eat in the main hall of the convention center.
  2 use the parking lot in the square outside the center.
  3 take a picture of another visitor's costume.
  4 bring their own snacks and drinks to the show.

（2022年度第3回（3A））

解説

(A)

アリスがコミックショーでできることを第1段落から探します。3文目にThere will be thousands of comic books on sale, including rare items and comic books by local creators, as well as T-shirts, posters, and other goods from your favorite comic books.「数千冊のコミック本が販売されます。中には珍しいアイテムや地元のクリエイターによるコミック本も含まれ、お気に入りのコミック本からのTシャツ、ポスター、その他の商品もあります」とあり、「地元のクリエイター」＝「グラヴェルトン地域の人」とわかるので、正解は**1** purchase comic books made by people from the Gravelton area.「グラヴェルトン地域の人によって描かれたコミック本を買う」だとわかります。**2**は動画を見られるとは述べられていないので不正解です。**3**はレッスンを受けられるとは述べられていないので不正解です。**4**はアリスが描いたものを展示できるわけではないので不正解です。

(B)

衣装コンテストの参加者がする必要があることを第2段落から探します。4文目にPlease note that your costume must have been made by you.「なお、衣装はご自身で制作されたものでなければなりません」とあり、自分で作らなければいけないことがわかるので**1** Make their costumes themselves.「衣装を自分で作る」が正解だとわかります。**2**は正午までに登録すればよいので不正解です。**3**は参加費を払う旨は述べられていないので不正解です。**4**は理由を説明しなければいけないことは述べられていないので不正解です。

(C)

第3段落から、来訪者が許可を得ればできることを探します。2文目にPlease do not touch other people's costumes or take photos of them without getting permission first.「許可なしに他の人の衣装に触れたり、写真を撮ったりしないようお願い申し上げます」とあり、許可をとれば、撮影しても良いことがわかるので、**3** take a picture of another visitor's costume.「他の来場者の衣装の写真を撮る」が正解だとわかります。**1**は飲食は禁止となっているので不正解です。**2**は駐車場の話は述べられていないので不正解です。**4**は軽食や飲み物の持参に関しては述べられていないので不正解です。

文章中に散らばった情報を集める

筆記3の問題では、基本的に段落ごとに答えが述べられているので、そこを探していくようにしましょう。しかし、まれに1つの段落内の情報だけでは解けない問題も出題されます。そのときは、他の段落に書かれていた情報と照らし合わせて答えを出しましょう。

解答 (A) **1** (B) **1** (C) **3**

日本語訳

送信者：グラヴェルトンコミックショー <info@graveltoncomicshow.com>
宛先：アリス・サリバン <alisulli321@friendlymail.com>
日付：1月22日
件名：登録いただきありがとうございます

アリスへ

　第8回グラヴェルトンコミックショーにオンラインで登録いただき、ありがとうございます。今年のショーはグラヴェルトンのコンベンションセンターで、2月18日土曜日に開催され、これまでで最大のイベントとなります。数千冊のコミック本が販売されます。中には珍しいアイテムや地元のクリエイターによるコミック本も含まれ、お気に入りのコミック本からのTシャツ、ポスター、その他の商品もあります。また、これらのコミック本を制作したアーティストや作家と会って話せる機会もあります。

　通常通り、来場者向けの衣装コンテストも行われます。コンテストは12歳以下の子ども向けとその他の全ての参加者向けの2つがあります。参加希望の方は、正午までに受付カウンターで登録してください。なお、衣装はご自身で制作されたものでなければなりません。店で購入した衣装を着用した方はコンテストに参加できませんのでご注意ください。創造的になってください。そうすれば、素晴らしい賞品を獲得するかもしれません。

　全ての来場者にお互いを尊重するようお願い申し上げます。許可なしに他の人の衣装に触れたり、写真を撮ったりしないようお願い申し上げます。また、コンベンションセンターのメインホールでは飲食が許可されていないことにご注意ください。コンベンションセンターのカフェテリアに加え、センター外の広場には軽食や飲み物を販売するフードトラックもあります。
ショーでお会いできることを楽しみにしております！

グラヴェルトンコミックショー　スタッフ

(A) グラヴェルトンコミックショーで、アリスができることは
　1 グラヴェルトン地域の人によって描かれたコミック本を買う。
　2 彼女のお気に入りのコミック本に基づいた動画を見る。
　3 彼女自身のコミック本の作り方の授業を受ける。
　4 有名なコミック本のキャラクターの絵を展示する。

(B) 衣装コンテストの参加者がする必要があることは何ですか。
　1 衣装を自分で作る。
　2 ショーに来る前に登録する。
　3 受付で参加費を払う。
　4 なぜその衣装を選んだのかを説明する。

(C) グラヴェルトンコミックショーの来訪者が許可してもらわなければいけないことは

   1 コンベンションセンターのメインホールで食べる。

   2 センターの外の広場の駐車場を使う。

   3 他の来場者の衣装の写真を撮る。

   4 ショーに軽食や飲み物を持参する。

vocabulary

- □ **sign up**「登録する」
- □ **annual**「1年の」
- □ **including**「～を含んだ」
- □ **chance**「機会」
- □ **participate**「参加する」
- □ **creative**「創造的な」
- □ **permission**「許可」
- □ **square**「広場」

- □ **eighth**「第8の」
- □ **on sale**「売られている」
- □ **creator**「クリエイター」
- □ **as usual**「通常通り」
- □ *be* **allowed to** *do*「～してもよい」
- □ **fantastic**「素晴らしい」
- □ **in addition to ～**「～に加えて」
- □ **look forward to** *do*ing「～するのを楽しみにしている」

Theme 12 トレーニング問題

目標解答時間 12分

長文の内容一致選択問題（Eメール）にチャレンジしてみましょう。

From: Amy Gordon <a.gordon@g-kelectronics.com>
To: All Customer Service Staff <customerservicestaff@g-kelectronics.com>
Date: January 23
Subject: Staff changes

Dear Customer Service Staff,
I hope everyone enjoyed themselves at the company party last Friday. I had a really good time. I think that the Grand Hotel was the perfect place to have it. Don't forget that some of you won prizes in the bingo games that we played. Steve Miller in the sales department says that he has the prizes, so if you won something, go and see him to pick up your prize.
I have some other announcements as well today. Six new people will be joining our company next month. They've all recently graduated from college, and two of them will be coming to work with us in the customer service department. We'll have three new co-workers altogether because Kent Gardiner will also be moving to our department at the same time. He has worked in the design department at G&K Electronics for 10 years, so I'm sure that many of you already know him.
There are a couple of other staff changes, too. Peter Smith, the manager of the accounting department, will be retiring at the end of next month. Peter has worked at G&K Electronics for over 40 years. There will be a short retirement ceremony for him in Meeting Room A at 5 p.m. on February 28. Also, starting next week, Rachel Martin will take six months off because her baby will be born very soon.
Sincerely,
Amy Gordon
Customer Service Department Manager

(A) What did Amy Gordon think of the recent company party?

1 It would have been better if the sales department had been there.

2 It would have been fun to play some bingo games.

3 The prizes this year were nicer than those last year.

4 The choice of location was just right for it.

(B) What is going to happen next month?

1 Some college students will volunteer at the company.

2 Kent Gardiner will move to the design department.

3 Workers at the company will get their first bonus for 10 years.

4 Three people will join the customer service department.

(C) Next week, Rachel Martin will

1 retire from the company after working there for over 40 years.

2 leave work for a while because she will have a child.

3 become the manager of the company's accounting department.

4 be in charge of planning a special event for Peter Smith.

（2021年度第3回 (3A)）

日本語訳 送信者：エイミー・ゴードン <a.gordon@g-kelectronics.com>
宛先：全カスタマーサービススタッフ
<customerservicestaff@g-kelectronics.com>
日付：1月23日
件名：スタッフの変更
カスタマーサービススタッフの皆様へ

　先週の金曜日の社内パーティを皆さん楽しんでいただけたことでしょう。私は本当に楽しい時間を過ごしました。グランドホテルは、それを行うには最適な場所だったと思います。私たちが行ったビンゴゲームで何人かの方が賞を獲得したことを忘れないでください。販売部門のスティーブ・ミラーが賞品を保管していると言っていますので、当選した場合は彼のところに行ってお受け取りください。

　また、本日他にもお知らせがあります。来月、当社には6人の新しいメンバーが加わります。彼らは皆最近大学を卒業し、そのうち2人はカスタマーサービス部門で働く予定です。ケント・ガーディナーさんも同じタイミングで私たちの部門に異動しますので、合計で新しい同僚は3人になります。ケントさんはジー＆ケーエレクトロニクスのデザイン部門で10年間働いており、多くの方が既に彼を知っていると思います。

　他にもスタッフの変更がいくつかあります。会計部門のマネージャーであるピーター・スミスさんは、来月末に退職予定です。ピーターさんはジー＆ケーエレクトロニクスで40年以上勤務してきました。2月28日の午後5時に会議室Aで彼のための短い退職式が行われます。また、来週からレイチェル・マーティンさんは、彼女の赤ちゃんがもうすぐ生まれるため、6か月間休暇を取ります。

敬具
エイミー・ゴードン
カスタマーサービス部門マネージャー

(A)

解答 4

設問と選択肢の訳

エイミー・ゴードンは先日の社内パーティについてどう思っていましたか。
1 販売部門がそこにいたら、もっと良くなっていただろう。
2 ビンゴゲームをしたらもっと楽しかっただろう。
3 今年の賞品は昨年よりも良かった。
4 場所の選択はぴったりだった。

解説 第1段落3文目に I think that the Grand Hotel was the perfect place to have it.「グランドホテルは、それを行うには最適な場所だったと思います」とあり、グランドホテルは素晴らしい場所だと思っていることがわかります。よって、**4** The choice of location was just right for it.「場所の選択はぴったりだった」が正解になります。**1** は販売部門はその場にいたので不正解です。**2** はビンゴゲームは実際に行われていたので不正解です。**3** は昨年と今年の賞品の比較は行われていないので不正解です。**1** と **2** に関しては仮定法が使われていることに気をつけましょう。

(B)

解答 4

設問と選択肢の訳

来月何がありますか。
1 大学生は会社でボランティアをするだろう。
2 ケント・ガーディナーはデザイン部門に異動するだろう。
3 会社の従業員は10年間で初めてボーナスをもらうだろう。
4 3人がカスタマーサービス部門に加わるだろう。

解説 第2段落4文目に We'll have three new co-workers altogether because Kent Gardiner will also be moving to our department at the same time.「ケント・ガーディナーさんも同じタイミングで私たちの部門に異動しますので、合計で新しい同僚は3人になります」とあり、同じタイミングというのは2文目の「next month」から来月だとわかります。よって、来月にケントさんが異動してきて、計3人が加わることがわかるので、**4** Three people will join the customer service department.「3人がカスタマーサービス部門に加わるだろ

Theme
1

Theme
2

Theme
3

Theme
4

Theme
5

Theme
6

Theme
7

Theme
8

Theme
9

Theme
10

Theme
11

Theme
12

Theme
13

う」が正解です。**1** はボランティアではないので不正解です。**2** はデザイン部門に異動ではなく、カスタマーサービス部門へ移るので不正解です。**3** はボーナスの話は述べられていないので不正解です。

(C)

解答 **2**

設問と選択肢の訳

来週、レイチェル・マーティンさんは
1 40年以上働いたあとに会社を辞める。
2 子どもが生まれるためしばらくの間仕事を休む。
3 会社の会計部門のマネージャーになる。
4 ピーター・スミスのための特別なイベント計画を担当する。

解説 レイチェルに関して述べられているのは第3段落5文目なので、そこを見ると Rachel Martin will take six months off because her baby will be born very soon「レイチェル・マーティンさんは、彼女の赤ちゃんがもうすぐ生まれるため、6か月間休暇を取ります」とあり、子どもが生まれるため休暇を取ることがわかります。よって、**2** leave work for a while because she will have a child.「子どもが生まれるためしばらくの間仕事を休む」が正解です。**1** は退職するのはレイチェルではないので不正解です。**3** は会計部門のマネージャーになるわけではないので不正解です。**4** はピーターのためのイベントを担当するのがレイチェルかどうかはわからないので不正解です。

トレーニング問題で間違えた
箇所は、自分の解答の根拠を
もう一度見直しましょう。

Theme 13

●ポイント解説

長文の内容一致選択問題をおさえよう！

Point① 2級の長文の内容一致選択問題はどんな問題？

○4パラグラフ程度の長文を読み、内容と一致する選択肢を選ぶ問題です。

○問題数：1つの長文に対し、5問出題されます。

○基本的には段落ごとに各段落の内容が問われます。3Bの5問目は、参照箇所が文章全体に散らばっている内容一致問題となります。

Point② 2級の長文の内容一致選択問題の攻略方法とは？

○まとめ読みをせず、段落ごとに読み進める！

　1段落読んだら、対応する設問に取り組むという流れで進めると、効率よく解き進められます。

○3Bの最後の設問は先に選択肢を読んでおく！

　基本的に設問は段落ごとですが、3Bの最後の問題は、参照箇所が文章全体に散らばっている内容一致問題です。この問題のみ、取り組む際には先に選択肢を読み、複数の段落で参照箇所を探しながら読み進めましょう。

これらに注意して次の例題に取り組みましょう。

An Extraordinary Machine

　Most of the machines that people in developed nations use were invented during the last 200 years. They make tasks easier for people and give them more time for other tasks and for leisure. However, which of these machines has changed society the most? Even though people spend more time with their TVs, computers, and smartphones, some historians argue that the impact of these inventions has been small compared with that of washing machines.

　Before washing machines, clothes and sheets were washed by hand. For most of history, this has involved carrying the laundry to a river or a lake, wetting it, and rubbing it with rocks, sand, or soap to remove the dirt. Then, the laundry had to be put in water again, and the extra water was usually removed to make drying easier. Even if people had water in their homes, the laundry would have to be rubbed against a special board or hit with pieces of wood to make it clean. It was hard work that took a long time.

　The first washing machines were operated by hand, and they still required a lot of hard work. Discovering how to use electricity to power these machines was a challenge because the combination of water and electricity is very dangerous. However, during the first half of the 20th century, inventors created electric machines that were able to automatically do most of the steps involved in washing. Before long, these machines became common in homes in wealthier parts of the world.

　Automatic washing machines gave people more time and energy for other activities than any other new technology did. They used some of this extra time and energy to study and teach their children. This, in turn, led to improvements in the quality of everyone's lives in the places where washing machines became common. Even today, many people in the world still wash their clothes by hand. This means that, over the next few decades, washing machines will probably continue to make a big difference to the lives of billions of humans.

(A) What do some historians say about the invention of washing machines?

    1 It happened due to an important change in society.

    2 It led to the development of TVs, computers, and smartphones.

    3 It has had a major impact on the natural environment.

    4 It has had a greater effect on society than other modern inventions.

(B) Cleaning clothes and sheets without washing machines was hard work because

    1 the process of doing laundry involved several different stages.

    2 the soap used to wash laundry had to be prepared by hand.

    3 people had to travel long distances in order to dry their laundry.

    4 people who did it had to wash many items to earn enough money.

(C) What was one challenge faced by people trying to invent electric washing machines?

    1 Many people thought that they would not be as effective as washing laundry by hand.

    2 The use of electricity was limited to a few homes in wealthier parts of the world.

    3 They could not discover how to make a machine to do all the steps involved in washing.

    4 Machines that involve both electricity and water can be very unsafe to work with.

(D) Washing machines have allowed people to

    1 spend more time teaching themselves and their children.

    2 use their energy for volunteer activities in their communities.

    3 invent other machines to carry out tasks in the home.

    4 live in parts of the world where there are many rivers and lakes.

(2023年度第1回 (3B))

解説

(A)

第1段落4文目にEven though people spend more time with their TVs, computers, and smartphones, some historians argue that the impact of these inventions has been small compared with that of washing machines.「テレビ、コンピュータ、スマートフォンなどにより多くの時間を人々は費やしますが、一部の歴史学者はこれらの発明の影響は洗濯機と比較して小さいと主張しています」とあり、洗濯機が一番影響が大きかったことがわかるので、正解は**4** It has had a greater effect on society than other modern inventions.「それ（洗濯機の発明）は他の現代の発明よりも社会に大きな影響をもたらした」です。thoughがある場合は、後ろの文（主節）が大事になるので読む際には気をつけましょう。**1**は社会の変化が原因ではないので不正解、**2**は洗濯機のおかげで発展したわけではないので不正解です。**3**は環境への影響は述べられていないので不正解です。

(B)

第2段落2文目にthis has involved carrying the laundry to a river or a lake, wetting it, and rubbing it with rocks, sand, or soap to remove the dirt「これは洗濯物を川や湖に運び、それを湿らせ、泥を取るために岩、砂、または石鹸でこすったりする作業を含んでいました」とあり、さまざまな過程を必要としていることがわかるので、**1** the process of doing laundry involved several different stages.「洗濯をするという過程ではいくつかの違った工程が含まれていた」が正解だとわかります。**2**は石鹸を手で用意することは述べられていないので不正解です。**3**は移動距離に関することは述べられていないので不正解です。**4**はお金を稼ぐために洗うということは述べられていないので不正解です。

(C)

設問にchallengeという単語があり、第3段落の2文目にも同じ単語があるので、見るとDiscovering how to use electricity to power these machines was a challenge because the combination of water and electricity is very dangerous.「これらの機械に電気を使って動力を供給する方法を発見するのは難しい課題でした。なぜなら、水と電気の組み合わせは非常に危険だからです」とあり、水と電気の組み合わせが危険だから、難しかったことがわかります。よって、正解は **4** Machines that involve both electricity and water can be very unsafe to work with.「電気と水を使う機械を起動させるのはかなり安全でないだろう」だとわかります。dangerous＝unsafeがわかると解きやすいです。**1** は効果的かどうかが課題ではないので不正解です。**2** は電気の使用範囲に関することは述べられていないので不正解です。**3** は全ての工程を含んだ機械の作り方がわからなかったのではなく、電気と水の組み合わせを危惧していたので不正解です。

(D)

第4段落2文目にThey used some of this extra time and energy to study and teach their children.「人々はこの余分な時間とエネルギーの一部を、勉強したり子どもに教えたりするのに使用しました」とあり、洗濯機によって浮いた時間を勉強したり子どもに教えたりするのに費やしていたことがわかるので、**1** spend more time teaching themselves and their children.「彼ら自身と子どもに教えるのに多くの時間を費やす」が正解だとわかります。teach themselves＝studyになっています。**2** はコミュニティにエネルギーを使うということは述べられていないので不正解です。**3** は洗濯機のおかげで他の機械の発明につながったとは述べられていないので不正解です。**4** は洗濯機によって川や湖があるところに住めるようになるというのは述べられていないので不正解です。

解答 (A)**4**　(B)**1**　(C)**4**　(D)**1**

日本語訳

> ### 非凡な機械
>
> 　発展した国々の人々が使用するほとんどの機械は過去200年間に発明されました。これらの機械は人々の仕事を容易にし、他の仕事や余暇のために時間を提供します。しかし、これらの機械の中で社会に最も影響を与えたのはどれでしょうか？　テレビ、コンピュータ、スマートフォンなどにより多くの時間を人々は費やしますが、一部の歴史学者はこれらの発明の影響は洗濯機と比較して小さいと主張しています。
>
> 　洗濯機が登場する前、洋服やシーツは手で洗われていました。歴史のほとんどで、これは洗濯物を川や湖に運び、それを湿らせ、泥を取るために岩、砂、または石鹸でこすったりする作業を含んでいました。その後、洗濯物は再び水に入れられ、余分な水は乾燥を容易にするためにしばしば取り除かれました。たとえ人々が家庭に水を持っていたとしても、洗濯物は特別なボードにこすり付けたり、木片でたたいたりしてきれいにする必要がありました。これは長時間かかる、大変な作業でした。
>
> 　最初の洗濯機は手動で操作され、それでも多くの労力が必要でした。これらの機械に電気を使って動力を供給する方法を発見するのは難しい課題でした。なぜなら、水と電気の組み合わせは非常に危険だからです。しかし、20世紀前半に、発明家たちは洗濯に関連するほとんどの工程を自動的に行える電動機械を開発しました。それからまもなく、これらの機械は世界の富裕な地域の家庭で一般的になりました。
>
> 　自動洗濯機は他のどの新技術よりも他の活動のための多くの時間とエネルギーを人々に提供しました。人々はこの余分な時間とエネルギーの一部を、勉強したり子どもに教えたりするのに使用しました。これが、今度は洗濯機が一般的になった場所で、全ての人々の生活の質が向上する要因となりました。現在でも、世界中で多くの人々が手洗いをしています。これは、今後数十年間で洗濯機が数十億人の人々の生活に大きな影響を与え続けるであろうことを意味します。
>
> **(A)** 洗濯機の発明について一部の歴史学者は何を述べていますか。
>   **1** それは社会における重要な変化が原因で起きた。
>   **2** それはテレビや、コンピュータ、スマートフォンの発展につながった。
>   **3** それは自然環境に大きな影響をもたらした。

Theme
1
Theme
2
Theme
3
Theme
4
Theme
5
Theme
6
Theme
7
Theme
8
Theme
9
Theme
10
Theme
11
Theme
12
Theme
13

4 それは他の現代の発明よりも社会に大きな影響をもたらした。

(B) 洗濯機なしで布やシーツを洗うことが重労働だった理由は、

1 洗濯をするという過程ではいくつかの違った工程が含まれていた。

2 洗濯物を洗うのに使われた石鹸は手で準備されなければならなかった。

3 洗濯物を乾かすために長距離を移動しなければならなかった。

4 それをした人は十分なお金を稼ぐために多くのものを洗わなければいけなかった。

(C) 洗濯機を発明しようとした人々が直面した課題は何でしたか。

1 多くの人は手で洗うほど効果的ではないと思っていた。

2 電気の使用は世界の裕福な場所の少しの家に限定されていた。

3 洗濯に関わる全ての工程を行う機械を作る方法を発見することができなかった。

4 電気と水を使う機械を起動させるのはかなり安全でないだろう。

(D) 洗濯機のおかげで人々は

1 彼ら自身と子どもに教えるのに多くの時間を費やす。

2 コミュニティの中のボランティア活動にエネルギーを費やす。

3 家で仕事を行うための他の機械を発明する。

4 多くの川や湖がある世界の地域に住む。

Key

解答の根拠に印をつける

一度問題の英文を読んだとき、解答の根拠になると判断したところに印をつけておきましょう。
そうすれば、余った時間内で不安な問題を見直すときに、最初から全文を読む必要がなくなります。
次のようなイメージです。

(B)

> Before washing machines, clothes and sheets were washed by hand. For most of history, <u>this has involved carrying the laundry to a river or a lake, wetting it, and rubbing it with rocks, sand, or soap to remove the dirt.</u> Then, the laundry had to be put in water again, and the extra water was usually removed to make drying easier. Even if people had water in their homes, the laundry would have to be rubbed against a special board or hit with pieces of wood to make it clean. It was hard work that took a long time.

vocabulary

□ **invent**「～を発明する」

□ **compared with**「～と比較して」

□ **dirt**「砂」

□ **operate**「～を操作する」

□ **power**「～を起動させる」

□ **automatically**「自動的に」

□ **in turn**「今度は」

□ **improvement**「向上」

□ **billion**「10億」

□ **leisure**「余暇」

□ **rub**「～をこする」

□ **extra**「余分な」

□ **electricity**「電気」

□ **combination**「組み合わせ」

□ **before long**「まもなく」

□ **lead to ~**「～の要因となる」

□ **decade**「10年」

トレーニング問題

最後に4問のトレーニング問題にチャレンジしてみましょう。段落ごとに読み、対応する問題から解き進めましょう。

□ (1)

The Empress's Favorite Clothes

The Asian country of Bangladesh is one of the largest exporters of clothes in the world. Low wages and modern techniques have allowed clothing factories in Bangladesh to produce cheap clothes. However, until the 19th century, the country produced a luxury cloth called Dhaka muslin. Many regard this cloth as the finest ever made, and it cost over 20 times more than the best silk. It was produced from cotton from a plant called *phuti karpas*. This kind of cotton can be made into very thin threads, which can be used to make incredibly soft and light cloth.

Dhaka muslin was difficult to make, but wealthy people were happy to pay the high prices demanded by the makers. The fame of this cloth spread to Europe, and the wife of Emperor Napoleon of France loved to wear dresses made from Dhaka muslin. When the area that includes Bangladesh became part of the British Empire, though, British traders put pressure on the makers of Dhaka muslin to produce more cloth at lower prices. Eventually, all the makers decided to either produce lower-quality types of cloth or quit.

In 2013, Saiful Islam, a Bangladeshi man living in London, was asked to organize an exhibition about Dhaka muslin. Islam was amazed by the high quality of this material. He wondered if it would be possible to produce Dhaka muslin again. Sadly, he could not find any *phuti karpas* plants in Bangladesh. However, using the DNA from some dried leaves of *phuti karpas* from a museum, he was able to find a species that was almost the same.

Islam harvested cotton from plants of this species, but the threads he made were too thin and broke easily. He had to mix the cotton with some from other plants. The threads made from this mixture, though, were still much thinner than normal. After a lot of hard work, Islam and his team produced some cloth that was almost as good as Dhaka muslin. He wants to keep improving the production technique. The government of Bangladesh is supporting him because it wants the country to be known as the producer of the finest cloth in the world.

(A)

What is true of the cloth known as Dhaka muslin?

1 Its thin threads are over 20 times stronger than those of silk.

2 It stopped Bangladesh from becoming a major exporter of clothes.

3 Modern techniques have allowed factories to produce it cheaply.

4 Many people say it is the best kind that there has ever been.

(B)

What happened as a result of the demands made by British traders?

1 Various colors were introduced to appeal to European customers.

2 The price of Dhaka muslin in Europe increased dramatically.

3 Makers began to use British techniques to make better cloth.

4 Production of high-quality Dhaka muslin stopped completely.

(C)

Saiful Islam used the DNA from some *phuti karpas* leaves

1 to find plants like the ones that were used to make Dhaka muslin.

2 to check whether samples of Dhaka muslin were genuine or fake.

3 to explain the evolution of Dhaka muslin at an exhibition.

4 to create artificial Dhaka muslin in a laboratory in London.

(D)

Why is the government of Bangladesh supporting Islam's efforts?

1 It wants to make the country famous for producing high-quality cloth.

2 It believes that his project will create new jobs for Bangladeshis.

3 Because he will quit unless he gets additional financial support.

4 Because he may discover a way to produce cheap clothes more easily.

（2022年度第 2 回（3B））

Theme 1
Theme 2
Theme 3
Theme 4
Theme 5
Theme 6
Theme 7
Theme 8
Theme 9
Theme 10
Theme 11
Theme 12
Theme 13

(1) 【日本語訳】 　　　　　　　　　　　　　　皇后陛下のお気に入りの服

　　　バングラデシュというアジアの国は、世界で最大の衣類輸出国の１つです。低賃金と現代的な技術により、バングラデシュの衣料品工場は安価な衣類を生産できるようになりました。しかし、19世紀までは、この国はダッカモスリンと呼ばれる高級な布地を生産していました。多くの人々はこの布を史上最高のものと考え、最高級の絹よりも20倍以上の価格がついていました。これはフーティ・カルパスという植物から採れる綿から作られました。この種の綿は非常に細い糸に加工でき、信じられないほど柔らかく軽い布地に仕立てることができます。

　　　ダッカモスリンの製造は困難でしたが、製造業者が要求した高額な価格を裕福な人々は喜んで払いました。この布の名声はヨーロッパに広まり、フランスのナポレオン皇帝の妻はダッカモスリンのドレスを着ることが大好きでした。しかし、バングラデシュを含むこの地域がイギリス帝国の一部となった際、イギリスの商人たちはダッカモスリンの製造業者に低価格でより多くの布地を生産するよう圧力をかけました。最終的に、全ての製造業者たちは低品質の布地を生産するか、製造を中止することを決定しました。

　　　2013年、ロンドン在住のバングラデシュ人、サイフル・イスラムさんは、ダッカモスリンに関する展示会を企画するよう依頼されました。イスラムさんはこの素材の高品質に驚愕しました。彼は再びダッカモスリンを生産することが可能かどうか考えました。残念ながら、バングラデシュにフーティ・カルパスの植物は見あたりませんでした。しかし、ある博物館の乾燥したフーティ・カルパスの葉から採取したDNAを使って、ほぼ同じ種類の植物を見つけ出すことができました。

　　　イスラムさんはこの種の植物から綿を収穫しましたが、作った糸は非常に細くて簡単に切れてしまいました。彼は他の植物から取った綿と混ぜなければなりませんでした。しかし、それでもまだ、この混合から作られた糸は通常のものよりもはるかに細かったのです。かなりの努力の末、イスラムさんと彼のチームはダッカモスリンにほぼ匹敵する布地を生産しました。彼は生産技術をさらに改善し続けたいと考えています。バングラデシュ政府は、世界で最高の布地の生産国として国を知ってもらうために、彼を支援しています。

vocabulary

- □ **exporter**「輸出国」
- □ **low**「低い」
- □ **wage**「賃金」
- □ **modern**「現代的な」
- □ **luxury**「高級な」
- □ **regard A as B**「AをBと考える、みなす」
- □ **silk**「絹」
- □ **cotton**「綿」
- □ **thin**「細い」
- □ **thread**「糸」
- □ **incredibly**「信じられないほど」
- □ **demand**「～を要求する」
- □ **fame**「名声」
- □ **trader**「商人」
- □ **eventually**「最終的に」
- □ **quit**「中止する」
- □ **organize**「～を企画する」
- □ **exhibition**「展示会」
- □ **amaze**「～を驚愕させる」
- □ **material**「素材」
- □ **harvest**「～を収穫する」

(1)-A

【解答】 **4**

【設問と選択肢の訳】

ダッカモスリンとして知られている布について正しいものは何ですか。
1 その細い糸は絹の20倍以上の頑丈さであった。
2 それによって、バングラデシュは衣類の主要な輸出国になれなくなった。
3 現代の技術によって、工場は安くそれを生産できるようになった。
4 多くの人は今まで存在した中で一番良い種類であると言っている。

【解説】 第１段落４文目にMany regard this cloth as the finest ever made, and it cost over 20 times more than the best silk.「多くの人々はこの布を史上最高のものと考え、最高級の絹よりも20倍以上の価格がついていました」とあり、this cloth = Dhaka muslinなので、**4** Many people say it is the best kind that there has ever been.「多くの人は今まで存在した中で一番良い種類であると言っている」が正解だとわかります。**1** は、20倍なのは頑丈さではなく値段なので不正解です。**2** はバングラデシュは衣類の最大級の輸出国なので不正解です。**3** は工場が安く生産できるようになったのは衣類のことなので不正解です。

(1)-B

【解答】 **4**

【設問と選択肢の訳】

イギリスの商人たちが要求した結果何が起こりましたか。
1 ヨーロッパの顧客に魅力的に見せるためにさまざまな色が導入された。
2 ヨーロッパでダッカモスリンの値段は劇的に上がった。
3 製造者はより良い布を作るために、イギリスの技術を使い始めた。
4 高品質のダッカモスリンの生産は完全に停止した。

Theme 1
Theme 2
Theme 3
Theme 4
Theme 5
Theme 6
Theme 7
Theme 8
Theme 9
Theme 10
Theme 11
Theme 12
Theme 13

解説 第2段落3文目後半にthough, British traders put pressure on the makers of Dhaka muslin to produce more cloth at lower prices「しかし、イギリスの商人たちはダッカモスリンの製造業者に低価格でより多くの布地を生産するよう圧力をかけました」とあり、その後ろにEventuallyがあります。これがas a result of の言い換えになっていることがわかります。よって、この後ろが答えの箇所になるので、Eventually, all the makers decided to either produce lower-quality types of cloth or quit.「最終的に、全ての製造業者たちは低品質の布地を生産するか、製造を中止することを決定しました」を言い換えている、4 Production of high-quality Dhaka muslin stopped completely.「高品質のダッカモスリンの生産は完全に停止した」が正解になります。1 は色の話は述べられていないので不正解です。2 は値段が上がったとは述べられていないので不正解です。3 はイギリスの技術の話は述べられていないので不正解です。

(1)-C

解答 1

設問と選択肢の訳

サイフル・イスラムさんがフーティ・カルパスの葉から採取されたDNAを使ったのは
1 ダッカモスリンを作るために使われたものに似た植物を見つけるため。
2 ダッカモスリンの試作品が本物か偽物か確認するため。
3 展示場でダッカモスリンの進化を説明するため。
4 ロンドンの研究室で人工的なダッカモスリンを作るため。

解説 第3段落5文目However, using the DNA from some dried leaves of *phuti karpas* from a museum, he was able to find a species that was almost the same.「しかし、ある博物館の乾燥したフーティ・カルパスの葉から採取したDNAを使って、ほぼ同じ種類の植物を見つけ出すことができました」とあり、DNAを使った結果、フーティ・カルパスの植物とほとんど同じ種を見つけたことがわかるので、1 to find plants like the ones that were used to make Dhaka muslin「ダッカモスリンを作るために使われたものに似た植物を見つけるため」が正解になります。2 は本物か偽物かを判断することは述べられていないので不正解です。3 はダッカモスリンの進化に関することは述べられていないので不正解です。4 は人工のダッカモスリンを作るということは述べられていないので不正解です。howeverなどの逆接の接続詞の後ろには筆者の主張がくることが多いので気をつけましょう。

(1)-D

解答 1

設問と選択肢の訳

バングラデシュ政府がイスラムさんの努力を支援するのはなぜですか。
1 高品質の布を作るので有名な国にしたいから。
2 彼の計画はバングラデシュの人々にとって新たな雇用を生み出すと信じているから。
3 彼がさらなる財政的援助を得ない限り、やめる恐れがあるから。
4 もっと簡単に安い布を作る方法を発見できるかもしれないから。

解説 第4段落6文目にThe government of Bangladesh is supporting him because it wants the country to be known as the producer of the finest cloth in the world.「バングラデシュ政府は、世界で最高の布地の生産国として国を知ってもらうために、彼を支援しています」とあり、because以降が理由であり答えの箇所だとわかります。よって、国を有名にしたいということを言い換えている1 It wants to make the country famous for producing high-quality cloth.「高品質の布を作るので有名な国にしたいから」が正解になります。2 は新しい雇用を生み出すという記述はないので不正解です。3 は彼がやめるかどうかは述べられていないので不正解です。4 は安いという値段に関することは述べられていないので不正解です。

Tweed

Tweed is the name given to a type of thick cloth that was first developed by farmers in Scotland and Ireland. Long pieces of wool are dyed different colors and then put together to make a cloth with a pattern. The weather in Scotland and Ireland is often cold and wet, so this warm, waterproof material was very popular with the farmers as they worked in the fields.

Tweed did not become well known outside farming communities until the 19th century. At that time, wealthy English people were buying large areas of land in Scotland. These were known as estates, and they were used by their owners for hunting and fishing. Hunters became interested in tweed because it is mainly brown, green, or gray, so wild animals find it difficult to see people wearing clothes made of the material. The wealthy English owners began having patterns of tweed made for their estates. After Queen Victoria's husband, Prince Albert, had a unique pattern made for the people on a royal estate in Scotland, the cloth became famous throughout the United Kingdom.

Clothes made from tweed became standard items for wealthy people to wear in the countryside. Men would wear blue or black suits when doing business in towns and cities, and tweed suits when they went to relax on their estates. Ordinary people began to imitate them by wearing tweed for outdoor hobbies such as playing golf or cycling. The fashion for wearing tweed also spread to the United States and the rest of Europe, and tweed became even more popular in the 20th century when various famous fashion designers used it for their clothes.

Tweed remained fashionable for many years, though by the start of the 21st century, its popularity had dropped. However, tweed is now starting to become popular once more. One reason for this is that it does little harm to the environment. In addition to being made from natural wool, it is strong enough to last for a very long time, so people do not often need to buy new clothes. Indeed, some wealthy people in the United Kingdom still wear their grandparents' tweed suits.

(A)

Tweed was popular with farmers in Scotland and Ireland because

1 it helped keep them warm and dry while they were outside.

2 it helped them to make some money in their free time.

3 it allowed them to use any extra wool they produced.

4 it allowed them to teach their culture to younger people.

(B)

How did Prince Albert help to make tweed well-known?

1 He often went hunting on land owned by farmers in Scotland.

2 He bought an estate in Scotland where there was a tweed factory.

3 He was seen wearing it while traveling in Scotland.

4 He ordered a special tweed pattern for an estate in Scotland.

(C)

Ordinary people wore tweed when they were

1 doing business in towns and cities.

2 visiting the United States and Europe.

3 trying to show that they were farmers.

4 enjoying leisure activities outside.

(D)

What is one reason that tweed does little harm to the environment?

1 It does not release harmful smoke when it is burned.

2 It does not become dirty easily and needs little washing.

3 It is tough enough for people to wear it for many years.

4 It is made by hand in small factories run by families.

（2022年度第 1 回 (3B)）

(2) **日本語訳**　　　　　　　　　　ツイード

　　ツイードは、最初にスコットランドとアイルランドの農家たちによって開発された厚手の布地の一種に与えられた名前です。長い羊毛の断片が異なる色に染められ、それから組み合わされて模様のある布地が作られます。スコットランドとアイルランドの気候はしばしば寒く湿っているため、この暖かく防水性のある素材は、農家たちが野外で作業する際に非常に人気がありました。

　　ツイードは、19世紀まで農村コミュニティの外で広く知られることはありませんでした。その当時、裕福なイングランド人たちはスコットランドの広大な土地を購入していました。これらは地所として知られ、所有者たちは狩猟や釣りに利用していました。ハンターたちは、ツイードが主に茶色、緑、または灰色であるため、野生動物はこの素材の服を着た人々を見つけにくいと興味を持ちました。裕福なイングランドの所有者たちは、自分たちの地所のためにツイードの模様を作るようになりました。ヴィクトリア女王の夫、アルバート公がスコットランドの王室地所の人々のために独特な模様を作った後、この布地はイギリス全体で有名になりました。

　　ツイードで作られた服は、裕福な人々が田舎で着る標準的なアイテムとなりました。男性は町や都市で仕事をする際には青色や黒のスーツを着用し、地所でリラックスする際にはツイードのスーツを着ました。一般の人々も、ゴルフやサイクリングなどの屋外の趣味でツイードを着ることで彼らを模倣し始めました。ツイードを着るファッションはアメリカやヨーロッパの他の地域にも広がり、さまざまな有名なファッションデザイナーがその服に使用するようになり、20世紀にさらに人気を博しました。

　　ツイードは長い間ファッショナブルな素材でしたが、21世紀の初めにはその人気が下落していました。しかし、現在、ツイードは再び人気を集め始めています。その理由の1つは、環境に対してほとんど害を与えないことです。天然の羊毛から作られているだけでなく、非常に耐久性があり、長い間もつので、新しい服を購入する必要がないことが多いためです。実際、イギリスの一部の裕福な人々は今でも祖父母のツイードのスーツを着用しています。

(2)-A

解答　1

設問と選択肢の訳

ツイードがスコットランドとアイルランドの農家たちの間で人気だったのは、
1 それは彼らが外にいる間、暖かく、濡れないようにしてくれたから。
2 自由な時間にお金稼ぎをさせてくれたから。
3 彼らが作った余分な羊毛を使うことができたから。
4 若者に文化を教えることができたから。

解説　第1段落3文目にThe weather in Scotland and Ireland is often cold and wet, so this warm, waterproof material was very popular with the farmers as they worked in the fields.「スコットランドとアイルランドの気候はしばしば寒く湿っているため、この暖かく防水性のある素材は、農家たちが野外で作業する際に非常に人気がありました」とあり、so以降が設問の言い換えになっているので、天候が寒くじめじめしているスコットランドとアイルランドの野外で働いているときに役に立つことがわかります。よって、正解は1 it helped keep them warm and dry while they were outside.「それは彼らが外にいる間、暖かく、濡れないようにしてくれたから」だとわかります。2はお金稼ぎの話は述べられていないので不正解です。3は余分な羊毛を使うということは述べられていないので不正解です。4は文化を教えるということは述べられていないので不正解です。

(2)-B

解答　4

設問と選択肢の訳

アルバート公はどうやってツイードを有名にしましたか。
1 スコットランドの農家によって所有された土地に彼はしばしば狩りに行っていた。
2 ツイード工場があったスコットランドの地所を買った。
3 スコットランドを旅しているときに、ツイードを着ている姿が見られた。
4 彼はスコットランドの地所のために特別なツイードの模様を注文した。

□ **thick**「厚い」
□ **wool**「ウール」
□ **dye**「～を染める」
□ **waterproof**「防水性のある」
□ **estate**「地所」
□ **royal**「王室の」
□ **throughout ～**「全体で」
□ **ordinary**「一般の」
□ **imitate**「～を模倣する」
□ **various**「さまざまな」
□ **remain**「～のままである」
□ **popularity**「人気」
□ **environment**「環境」
□ **last**「続く、もつ」

解説 第2段落6文目にアルバートが出てくるので、その前後で答えを探します。After Queen Victoria's husband, Prince Albert, had a unique pattern made for the people on a royal estate in Scotland, the cloth became famous throughout the United Kingdom.「ヴィクトリア女王の夫、アルバート公がスコットランドの王室地所の人々のために独特な模様を作った後、この布地はイギリス全体で有名になりました」とあり、独特な模様のツイードを作ったことがわかるので、**4** He ordered a special tweed pattern for an estate in Scotland.「彼はスコットランドの地所のために特別なツイードの模様を注文した」が正解だとわかります。**1** は彼が狩りに行ったという記述はないので不正解です。**2** は地所を購入したことは述べられていないので不正解です。**3** は彼が着ていたということは述べられていないので不正解です。

(2)-C

解 答 **4**

設問と選択肢の訳

一般の人々がツイードを着ていたのは、
1 町や都市で仕事をしていたとき。
2 アメリカとヨーロッパを訪れたとき。
3 彼らが農家だと示そうとしたとき。
4 外で余暇活動を楽しんでいたとき。

解説 第3段落3文目にOrdinary people began to imitate them by wearing tweed for outdoor hobbies such as playing golf or cycling.「一般の人々も、ゴルフやサイクリングなどの屋外の趣味でツイードを着ることで彼らを模倣し始めました」とあり、アウトドアを楽しむときに着ていたことがわかるので、**4** enjoying leisure activities outside.「外で余暇活動を楽しんでいたとき」が正解だとわかります。第3段落2文目にあるのは裕福な人の例なので間違えないようにしましょう。**1** は裕福な人の例なので不正解です。**2** は、アメリカやヨーロッパにも広まっただけであり、訪れていないので、不正解です。**3** は農家だということを示すためではないので不正解です。

(2)-D

解 答 **3**

設問と選択肢の訳

ツイードが環境に対してほとんど害を与えない1つの理由は何ですか。
1 燃やされるときに有害な煙を出さない。
2 簡単に汚れずに、洗う必要がほとんどない。
3 人々が何年もそれを着られるくらい丈夫である。
4 家族で経営されている小さな工場で手で作られている。

解説 第4段落3文目にit does little harm to the environment「環境に対してほとんど害を与えない」と、設問の言い換えがあります。そして、次の文を見ると、In addition to being made from natural wool, it is strong enough to last for a very long time, so people do not often need to buy new clothes.「天然の羊毛から作られているだけでなく、非常に耐久性があり、長い間もつので、新しい服を購入する必要がないことが多いためです」とあり、天然の羊毛から作られていて、耐久性があることがわかります。よって、**3** It is tough enough for people to wear it for many years.「人々が何年もそれを着られるくらい丈夫である」が正解だとわかります。**1** は有害な煙については述べられていないので不正解です。**2** は洗濯があまり必要ないということは述べられていないので不正解です。**4** は家族経営の工場については述べられていないので不正解です。run「経営する」は覚えておきましょう。

3

Ocean Treasure

As economies grow, more goods are manufactured, so there is a constant need for metals. Changes in technology have further increased this demand. For example, computers and smartphones require rare metals such as gold. The amount of metal available on land, however, is limited. It is expensive for mining companies to dig deep into the ground to find metals. For these reasons, mining companies are now looking for metals under the sea.

In the past, finding metals under the sea was considered to be too much of a challenge. In the last few decades, however, places where rare metals can be found have been discovered. These places are called "hydrothermal sea vents." They are created when seawater flows deep inside the earth, where the rocks are very hot. The rocks are made of substances that contain metals. The water absorbs these substances. As the water gets hotter, it rises, pushes through the seafloor, and returns to the ocean. When the hot water mixes with the cold seawater, the substances in it are dropped on the seafloor.

Because they are deep in the ocean, hydrothermal sea vents were not discovered until the 1970s. Scientists are interested in them not only because of the metals they contain, but also because of the amazing creatures found living near them. The water around the vents is very hot, dark, and full of powerful acids. In spite of these difficult conditions, bacteria and animals have adapted to live in these places. Unlike almost all other living things on the planet, these special creatures do not depend on energy from the sun.

The conditions around the vents mean that mining near them is very challenging. The technology to mine close to the vents now exists, but it is still very expensive. There are other problems with deep-sea mining, too. Scientists believe that sometime soon, companies will be able to afford to mine metals from the seafloor. However, mining around the vents would probably harm the creatures that live there. Consequently, although mining the seafloor for metals will become possible, governments and environmental groups might fight against it and perhaps even try to ban it.

(A)

Why are more companies looking for ways to get metals from the sea?

1 Changes in technology have made it easy and cheap to do so.

2 The metals needed for manufacturing goods cannot be found on land.

3 There is more demand for certain kinds of metals which are hard to find.

4 They cannot dig any deeper into the ground to find rare metals.

(B)

Hydrothermal sea vents

1 began appearing in rocks on the seafloor during the last few decades.

2 are places where seawater heated by rocks under the seafloor comes out.

3 absorb substances containing metals and keep them deep inside the earth.

4 send up rocks from deep inside the earth and drop them on the seafloor.

(C)

What is one reason that scientists are interested in hydrothermal sea vents?

1 They contain special metals that were only discovered recently.

2 They are full of powerful acids that are uncommon in the ocean.

3 Unusual animals that do not rely on the sun for energy live there.

4 The heat they create could be used as a source of energy.

(D)

What challenges will deep-sea mining probably face in the future?

1 Governments might fight each other for the best deep-sea mining areas.

2 Scientists will have to work hard to invent the technology needed for it.

3 It will cost a lot of money to move the creatures living around the vents.

4 People might try to stop it because of possible damage to the environment.

(E)

Which of the following statements is true?

1 Finding metals in the ocean was thought to be too difficult to do in the past.

2 New computers and smartphones use smaller amounts of rare metals than old ones.

3 Scientists discovered how to get metals from hydrothermal sea vents in the 1970s.

4 Some countries have made it illegal for companies to carry out deep-sea mining.

(2021 年度第 2 回 (3C))

(3) 日本語訳　　　　　　　　　　　　　　　海の宝物

vocabulary

☐ **economy**「経済」

☐ **manufacture**「～を製造する」

☐ **constant**「絶え間ない」

☐ **further**「さらに」

☐ **available**「使用可能な」

☐ **mining**「鉱業の」

☐ **dig**「掘る」

☐ **flow**「流れる」

☐ **substance**「物質」

☐ **contain**「～を含む」

☐ **absorb**「～を吸収する」

☐ **seafloor**「海底」

☐ **creature**「生物」

☐ **acid**「酸」

☐ **in spite of ～**「～にもかかわらず」

☐ **bacteria**「細菌」

☐ **adapt**「適応する」

☐ **unlike**「～とは異なり」

☐ **depend on ～**「～に依存する」

☐ **challenging**「難しい」

☐ **exist**「存在する」

☐ **afford to do**「～する余裕がある」

☐ **consequently**「そのため、結果として」

☐ **perhaps**「おそらく」

☐ **ban**「～を禁止する」

　経済が成長するにつれて、より多くの商品が製造されます。だから、金属への需要が絶え間なくあります。技術の変化がこの需要をさらに増加させてきました。例えば、コンピュータやスマートフォンには金などの希少金属が必要です。しかし、陸地にある利用可能な金属の量は限られています。鉱業会社にとっては、金属を見つけるために地中深くまで掘り進むのは高額です。そのため、鉱業会社は今、海の下の金属を探しています。

　過去には、海の下で金属を見つけることはあまりにも困難だと考えられていました。しかし、過去数十年で希少金属が見つかる場所が発見されました。これらの場所は熱水噴出孔と呼ばれます。これらは海水が地中深くに流れ込む際に作られ、そこでは岩が非常に熱い状態です。岩は金属を含む物質でできています。水はこれらの物質を吸収します。水がより熱くなると、上昇し、海底を貫通して海に戻ります。熱い水が冷たい海水と混ざると、その中の物質が海底に沈殿します。

　海底にあるため、熱水噴出孔は1970年代まで発見されませんでした。科学者たちは、これらの場所が含む金属だけでなく、近くに住む驚くべき生物の存在にも興味を持っています。噴出孔周辺の水は非常に熱く、暗く、強力な酸で満たされています。これらの厳しい条件にもかかわらず、細菌や動物はこれらの場所で生活するために適応しています。ほぼ地球上の全ての生物とは異なり、これらの特別な生物は太陽からのエネルギーに依存していません。

　噴出孔周辺の条件は、その近くで鉱業を行うことを非常に難しくしています。噴出孔の近くで採掘する技術は現在存在していますが、依然として非常に高額です。深海鉱業には他にも問題があります。科学者たちは、近い将来、企業が海底から金属を採掘する余裕ができるようになると考えています。しかし、噴出孔周辺での鉱業はそこに住む生物に害を及ぼす可能性が高いでしょう。そのため、海底から金属を採掘することは可能になるかもしれませんが、政府や環境団体がそれに反対し、禁止しようとする可能性もあります。

(3)-A

解答 **3**

設問と選択肢の訳

なぜより多くの企業が海から金属を得る方法を探しているのですか。
1 科学技術の変化はそれを簡単に安くできるようした。
2 商品を生産するのに必要な金属は地上では見つけることができない。
3 見つけにくいある種の金属の需要が高まっている。
4 希少な金属を見つけるためにこれ以上地中深く掘ることは彼らにはできない。

解説 第1段落6文目にFor these reasons, mining companies are now looking for metals under the sea.「そのため、鉱業会社は今、海の下の金属を探しています」とあり、問題文を言い換えていることがわかります。よって、these reasonsの内容がわかれば答えになります。同段落の2文目を見ると、Changes in technology have further increased this demand.「技術の変化がこの需要をさらに増加させてきました」とあり、this demand＝a constant need for metalsなので、技術の変化に対応していくために会社は金属を必要としていることが、理由であるとわかります。さらに、同段落4～5文目には、The amount of metal available on land, however, is limited. It is expensive for mining companies to dig deep into the ground to find metals.「しかし、陸地にある利用可能な金属の量は限られています。鉱業会社にとっては、金属を見つけるために地中深くまで掘り進むのは高額です」とあり、金属の量には限界があり、掘るのが大変であることもわかります。よって、これらをまとめた、**3** There is more demand for certain kinds of metals which are hard to find.「見つけにくいある種の金属の需要が高まっている」が正解だとわかります。**1**は科学技術の変化が安くしているとは述べられていないので不正解です。**2**は地上で見つからないわけではないので不正解です。**4**は高くて深く掘れないだけで、物理的にできないわけではないので不正解です。

(3)-B

解答 2

設問と選択肢の訳

熱水噴出孔は、
1 過去数十年の間に海底の岩の中に現れ始めた。
2 海底の下で岩によって温められた海水が現れる場所である。
3 金属を含む物質を吸収し、地中の深くにそれらを保管する。
4 地中の深くから岩を持ち上げ、海底にそれらを落とす。

解説 第2段落4文目にThey are created when seawater flows deep inside the earth, where the rocks are very hot.「これらは海水が地中深くに流れ込む際に作られ、そこでは岩が非常に熱い状態です」とあります。このtheyはhydrothermal sea ventsを指しており、岩が熱くなっている地中深くに海水が入り込んだときに作られることがわかります。さらに7文目にAs the water gets hotter, it rises, pushes through the seafloor, and returns to the ocean.「水がより熱くなると、上昇し、海底を貫通して海に戻ります」とあり、水が温かくなったときに上昇し戻ってくるので、これらを言い換えている**2 are places where seawater heated by rocks under the seafloor comes out.**「海底の下で岩によって温められた海水が現れる場所である」が正解です。1 は過去数十年で現れたわけではないので不正解です。3 は噴出孔が物質を吸収するわけではないので不正解です。4 は岩を持ち上げたり落としたりするのではないので不正解です。一見難しい問題ですが、他の選択肢が的外れなので一番正解に近いものを選べるようにしましょう。

(3)-C

解答 3

設問と選択肢の訳

科学者が熱水噴出孔に関心がある1つの理由は何ですか。
1 それらは最近になって発見された特別な金属を含んでいる。
2 それらには海の中で珍しい強力な酸が充満している。
3 太陽のエネルギーを必要としない珍しい動物がそこに住んでいる。
4 それらが作り出す熱はエネルギー源として使用されるだろう。

解説 問題文を言い換えた箇所が第3段落2文目にあるので、そこに注目します。第3段落2文目にはScientists are interested in them not only because of the metals they contain, but also because of the amazing creatures found living near them.「科学者たちは、これらの場所が含む金属だけでなく、近くに住む驚くべき生物の存在にも興味を持っています」とあります。not only A but also B「AだけでなくBも」のときは、Bの方が筆者の主張になります。よって、興味がある理由はそこで見つかる驚くべき生き物です。また5文目にはthese special creatures do not depend on energy from the sun「これらの特別な生物は太陽からのエネルギーに依存していません」とあり、この生き物は太陽に頼らないこともわかります。よって、**3 Unusual animals that do not rely on the sun for energy live there.**「太陽のエネルギーを必要としない珍しい動物がそこに住んでいる」が正解だとわかります。rely on = depend onは覚えておきましょう。1 は金属が最近見つかったわけではないので不正解です。2 は酸が珍しいということに関しては述べられていないので不正解です。4 はエネルギー源として熱が使われるかどうかは述べられていないので不正解です。

(3)-D

解答 4

設問と選択肢の訳

将来、深海鉱業が直面するであろう課題は何ですか。
1 政府は最適な深海鉱業地域を巡って争う可能性がある。
2 科学者は、それに必要な技術を発明するために一生懸命働かなければならないだろう。
3 噴出孔周辺で生活している生物を移動させるのに多額の費用がかかるだろう。
4 環境への潜在的な損害のためにそれを止めようとする人々もいるかもしれない。

解説 第4段落ではさまざまな問題点が述べられています。1つ目が、2文目にit is still very expensive.「依然として非常に高額です」とあり、金銭面だとわかります。2つ目が、5文目にmining around the vents would probably harm the creatures that live there「噴出孔周辺での鉱業はそこに住む生物に害を及ぼす可能性が高いでしょう」とあり、生き物を傷つけてしまうことです。また6文目にはgovernments and environmental groups might fight against it and perhaps even try to ban it「政府や環境団体がそれに反対し、禁止しようとする可能性もあります」とあり、生き物を傷つけないように深海鉱業を禁止しようとしている可能性があることがわかります。よって、正解は**4 People might try to stop it because of possible damage to the environment**「環境への潜在的な損害のためにそれを止めようとする人々もいるかもしれない」です。1 は最適な場所に関しては述べられていないので不正解です。2 は科学技術を発明することは述べられていないので不正解です。3 は生物を移動させることに関しては述べられていないので不正解です。

(3)-E

解答 1

設問と選択肢の訳

以下の文のうち正しいものはどれですか。
1 過去には海で金属を見つけることは難しすぎると考えられていた。
2 新しいコンピュータやスマートフォンは、古いものよりも少ない希少金属を使用している。
3 科学者は1970年代に熱水噴出孔から金属を取得する方法を発見した。
4 一部の国では、企業が深海鉱業を行うことを違法としている。

解説 5問目の問題は全体を問う問題で、段落ごとに読んで答えを導けるようにはなっていないので注意しましょう。第2段落1文目にIn the past, finding metals under the sea was considered to be too much of a challenge.「過去には、海の下で金属を見つけることはあまりにも困難だと考えられていました」とあり、**1** Finding metals in the ocean was thought to be too difficult to do in the past.「過去には海で金属を見つけることは難しすぎると考えられていた」はこれをそのまま言い換えているので、正解だとわかります。**2** は新しいものと古いもので使われている金属の量に関しては比べられていないので不正解です。**3** は金属の取り方を見つけたのが1970年代ではないので不正解です。**4** は違法にしたということは述べられていないので不正解です。

間違えた設問や知らなかった単語は
解説をしっかり読んで復習しましょう。

An Excellent Fruit

Today, pineapples are one of the world's most popular fruits. For a long time, though, in most parts of the world, they were extremely rare. Pineapples originally come from South America. They first grew in places which are now parts of Brazil and Paraguay. Their natural sweetness made them a favorite of the native people. They were especially popular with the Carib people who lived in coastal areas of South America and on Caribbean islands.

One of the first Europeans to discover pineapples was the explorer Christopher Columbus. On his second voyage to America in 1493, he found some pineapples on the island of Guadeloupe in the Caribbean. He took them back to Spain and presented them to King Ferdinand. At that time in Europe, there was very little sugar, and fruits were only available for short periods during the year. The king tasted a pineapple and declared it to be the most delicious of all fruits. News of this previously unknown fruit quickly spread around Europe.

Unfortunately, the journey from South America to Europe at the time took over a month, so pineapples usually went bad before they reached their destination. Europeans tried to find ways to grow pineapples in Europe instead. The Dutch and the British built greenhouses which were heated to enable pineapples to grow. Huge amounts of fuel were needed to keep the greenhouses warm, and one pineapple took as long as four years to become ready to eat. Growing pineapples became a hobby for very rich people, and pineapples became a status symbol. They were often used as a decoration rather than eaten.

Because of its unusual appearance and status, the pineapple also became a popular image in art and design. Even today, one can find many stone images of pineapples in the gardens of big old houses in Britain. After ships with steam engines were invented, it became much quicker to make the journey from South America to Europe. Pineapple imports grew and prices decreased so that even ordinary people could buy them. As a result, the pineapple lost its luxury image and became a common fruit enjoyed around the world.

(A)

Originally, pineapples were

1 hard for many people to get because they only grew in a few places.

2 thought to be too sweet by the native people of South America.

3 introduced to countries like Brazil and Paraguay by the Carib people.

4 used by people on Caribbean islands as food for farm animals.

(B)

What happened after King Ferdinand tried a pineapple?

1 He ordered Christopher Columbus to return to America and bring back more.

2 Stories about this unfamiliar but tasty fruit were heard across Europe.

3 European explorers began searching the world for even more delicious fruit.

4 The king realized that people would be healthier if they ate more fruit.

(C)

Why did Europeans look for ways to grow pineapples in Europe?

1 In order to become as rich as the people who grew pineapples in South America.

2 In order to stop pirates from attacking their ships and taking their valuable fruit.

3 Because many pineapples were no longer fresh when they arrived in Europe.

4 Because huge amounts of fuel were needed to ship pineapples from South America.

(D)

What caused the price of pineapples in Europe to go down?

1 Pineapple farms were created in places closer to Europe than South America.

2 Ships were invented that took less time to travel from South America to Europe.

3 They became so common that ordinary people became tired of eating them.

4 The climate in Britain changed so that people could grow them in their gardens.

(E)

Which of the following statements is true?

1 Some people did not want to eat pineapples because their appearance was unusual.

2 Pineapples used to be a way for people to show how wealthy they were.

3 The pineapples that grew naturally in parts of South America were not sweet.

4 Sugar was widely available in Europe at the time of Christopher Columbus.

(2021年度第3回 (3C))

(4) 日本語訳　　　　　　　　　　　　　優れた果物

　　今日、パイナップルは世界で最も人気のある果物の1つです。しかし、長らくの間、ほとんどの地域では非常に珍しいものでした。パイナップルは元々南アメリカからきています。最初に育ったのは現在のブラジルとパラグアイの一部でした。その天然の甘さは、現地の人々のお気に入りでした。特に、南アメリカの沿岸地域やカリブ海の島々に住むカリブ人には非常に人気でした。

　　パイナップルを最初に発見したヨーロッパ人の1人は探検家のクリストファー・コロンブスでした。彼は1493年のアメリカへの2回目の航海で、カリブ海のグアドループの島でパイナップルを見つけました。彼はそれをスペインに持ち帰り、フェルディナンド王に贈りました。当時のヨーロッパでは砂糖がほとんどなく、果物も年中ごく短期間しか入手できませんでした。王はパイナップルを味わい、それを全ての果物の中で最もおいしいと言いました。これ以前に知られていなかった果物の知らせは、すぐにヨーロッパ中に広まりました。

　　残念ながら、当時の南アメリカからヨーロッパへの航海には1か月以上かかり、たいてい、パイナップルは目的地に到達する前に腐ってしまいました。ヨーロッパ人は代わりにヨーロッパでパイナップルを育てる方法を見つけようとしました。オランダ人とイギリス人はパイナップルが育つように温められた温室を建設しました。温室を暖かく保つためには大量の燃料が必要で、パイナップルが食べごろになるまで4年もかかりました。パイナップルの栽培は非常に裕福な人々の趣味となり、パイナップルはステータスシンボルとなりました。それらは食べるのではなく、装飾として使われることがよくありました。

　　その特異な見た目とステータスのため、パイナップルは美術やデザインで人気のあるイメージともなりました。今日でも、イギリスの大きな古い家の庭園にはパイナップルの石像がたくさん見られます。蒸気エンジンを備えた船が発明された後、南アメリカからヨーロッパへの航海がはるかに迅速になりました。パイナップルの輸入が増加し、価格が下がったため、普通の人々もそれを購入できるようになりました。その結果、パイナップルはその高級なイメージがなくなり、世界中で楽しまれる一般的な果物となりました。

(4)-A

解答 1

設問と選択肢の訳

元々、パイナップルは、
1 多くの人々にとって手に入れるのが難しかった、なぜならそれらはほんの一部の場所でしか育たなかったからだ。
2 南アメリカの先住民には甘すぎると考えられていた。
3 カリブ人によってブラジルやパラグアイなどの国々にもたらされた。
4 カリブ海の島々で家畜動物の食べ物として使用されていた。

解説 第1段落2文目にFor a long time, though, in most parts of the world, they were extremely rare.「しかし、長らくの間、ほとんどの地域では非常に珍しいものでした」とあり、パイナップルは希少だったとわかります。また、4文目にはThey first grew in places which are now parts of Brazil and Paraguay.「最初に育ったのは現在のブラジルとパラグアイの一部でした」とあり、この2か所でしか最初は育てられなかったことがわかります。よって、**1** hard for many people to get because they only grew in a few places.「多くの人々にとって手に入れるのが難しかった、なぜならそれらはほんの一部の場所でしか育たなかったからだ」が正解です。**2**は甘すぎたわけではないので、不正解です。tooは比較的マイナスの印象で使われることが多いです。**3**はカリブ人によってもたらされたわけではないので不正解です。**4**は家畜動物のために使われたとは述べられていないので不正解です。

---

vocabulary

- □ extremely「非常に」
- □ originally「元々」
- □ coastal「海岸の」
- □ explorer「探検家」
- □ voyage「航海」
- □ declare「～と言う、宣言する」
- □ journey「航海」
- □ destination「目的地」
- □ instead「代わりに」
- □ greenhouse「温室」
- □ enable A to *do*「Aが～するのを可能にする」
- □ decoration「装飾」
- □ rather than「～よりもむしろ」
- □ unusual「特異な」
- □ appearance「見た目、外観」
- □ steam「蒸気」
- □ import「輸入」
- □ ordinary「普通の」

Theme 13

(4)-B

解答 2

設問と選択肢の訳

フェルディナンド王がパイナップルを試した後に何が起こりましたか。
1 彼はクリストファー・コロンブスにアメリカに戻り、さらに持ち帰るよう命じた。
2 この見慣れないがおいしい果物についての物語がヨーロッパ中で聞かれた。
3 ヨーロッパの探検家たちは、さらにおいしい果物を世界中で探し始めた。
4 王は、人々がもっと果物を食べれば健康になると気づいた。

解説 フェルディナンド王が出てくるのが第2段落3文目なので、それ以降に注目します。第2段落5、6文目にThe king tasted a pineapple and declared it to be the most delicious of all fruits. News of this previously unknown fruit quickly spread around Europe.「王はパイナップルを味わい、それを全ての果物の中で最もおいしいと言いました。これ以前に知られていなかった果物の知らせは、すぐにヨーロッパ中に広まりました」とあり、王様が食べておいしいと言ったことで、今まであまり知られていなかったパイナップルが、ヨーロッパ中に広まったことがわかります。よって、**2** Stories about this unfamiliar but tasty fruit were heard across Europe.「この見慣れないがおいしい果物についての物語がヨーロッパ中で聞かれた」が正解です。**1** はコロンブスに戻るように命令していないので不正解です。**3** はヨーロッパの探検家が探し始めたということは述べられていないので不正解です。**4** は健康になるかどうかは述べられていないので不正解です。

(4)-C

解答 3

設問と選択肢の訳

なぜヨーロッパの人々はヨーロッパでパイナップルを育てる方法を探したのですか。
1 南アメリカでパイナップルを育てた人々と同じくらい裕福になるため。
2 海賊が彼らの船を襲撃し、貴重な果物を奪うのを防ぐため。
3 ヨーロッパに到着するときには、もはやパイナップルの多くが新鮮でなくなったため。
4 南アメリカからパイナップルを運ぶために膨大な量の燃料が必要だったため。

解説 第3段落2文目にEuropeans tried to find ways to grow pineapples in Europe instead.「ヨーロッパ人は代わりにヨーロッパでパイナップルを育てる方法を見つけようとしました」と設問の言い換えがあります。前を見ると、pineapples usually went bad before they reached their destination「たいてい、パイナップルは目的地に到達する前に腐ってしまいました」と、理由があります。よって、**3** Because many pineapples were no longer fresh when they arrived in Europe.「ヨーロッパに到着するときには、もはやパイナップルの多くが新鮮でなくなったため」が正解です。no longer fresh ＝ went badとなっています。**1** は裕福な人々のための趣味になっただけで、裕福になりたいわけではないので不正解です。**2** は海賊の話は述べられていないので不正解です。**4** はパイナップルを輸送するために燃料が必要なのではなく、温室を暖かくするためなので不正解です。

(4)-D

解答 2

設問と選択肢の訳

ヨーロッパでパイナップルの価格が下がったのはなぜですか。
1 パイナップル農園は、南アメリカよりもヨーロッパに近い場所で作られた。
2 南アメリカからヨーロッパへの移動時間を短くした船が発明された。
3 パイナップルが非常に一般的になり、普通の人々はそれを食べることに飽きた。
4 イギリスの気候が変わり、人々が庭でパイナップルを育てることができるようになった。

解説 第4段落4文目にPineapple imports grew and prices decreased「パイナップルの輸入が増加し、価格が下がった」と、パイナップルの値段が下がったことが書かれています。その前を見るとAfter ships with steam engines were invented, it became much quicker to make the journey from South America to Europe.「蒸気エンジンを備えた船が発明された後、南アメリカからヨーロッパへの航海がはるかに迅速になりました」と蒸気エンジンの船が作られたことで輸送が速くなったと理由が書かれています。よって、**2** Ships were invented that took less time to travel from South America to Europe.「南アメリカからヨーロッパへの移動時間を短くした船が発明された」が正解です。**1** はどこにパイナップル農園が作られたかは述べられていないので不正解です。**3** は一般人が手に入れられるようになりましたが飽きたとは述べられていないので不正解です。**4** はイギリスの気候が変わったことは述べられていないので不正解です。

(4)-E

解答 2

設問と選択肢の訳

以下の文のうち正しいものはどれですか。
1 一部の人々は、パイナップルの見た目が異常だったため、それを食べたくなかった。
2 パイナップルは、人々が、自分がいかに裕福かを示す手段だった。
3 南アメリカの一部の地域で自然に育つパイナップルは甘くなかった。
4 クリストファー・コロンブスの時代にはヨーロッパで砂糖が広く利用可能だった。

解説 第3段落5文目に Growing pineapples became a hobby for very rich people, and pineapples became a status symbol.「パイナップルの栽培は非常に裕福な人々の趣味となり、パイナップルはステータスシンボルとなりました」とあり、裕福な人の趣味となり、裕福であるというステータスをアピールするものとなっていたことがわかるので、**2** Pineapples used to be a way for people to show how wealthy they were.「パイナップルは、人々が、自分がいかに裕福かを示す手段だった」が正解です。**1** は見た目が変だから食べたくないということは述べられていないので不正解です。**3** は自然に育ったものは甘いので不正解です。**4** は砂糖はあまり手に入らなかったので、不正解です。

Theme
1

Theme
2

Theme
3

Theme
4

Theme
5

Theme
6

Theme
7

Theme
8

Theme
9

Theme
10

Theme
11

Theme
12

Theme
13

ここまでお疲れ様でした。本番でも実力を発揮できるよう、間違えた問題をもう一度復習しておきましょう。

memo

memo

memo

memo

memo

▉▉ 執 筆 協 力 ▉▉

奥野 信太郎 (おくの しんたろう)
群馬県高崎市にある「英語専門塾セプト」塾長。地元、福井県の全日制高校と定時制高校でさまざまな生徒に英語を教えてきた。英検1級。著書は『Reading Flash』シリーズ、『英文速読マスター 標準編・発展編』(桐原書店)、『イチから鍛える英文法』シリーズ、『キリトリ式でペラっとスタディ！ 中学英語の総復習ドリル』(Gakken) など多数。英語の音読学習アプリ「音読メーター」の開発にも携わる。大学在学中、南アフリカに長期滞在し、アフリカの大自然の中でキャンプを楽しんでいたという異色の経歴を持つ。

角脇 雄大 (かどわき ゆうだい)
代々木ゼミナール、英語専門塾セプト講師。英検1級。生徒に英語を学ぶ面白さを伝えることによって学習を加速させ、「英語学習のエンジンを積ませる」ことをモットーに授業を行う。「音読メーター」および「英語問題作成所」の活動にも携わる。著書に『英文速読マスター 標準編・発展編』(桐原書店) がある。

増田 広樹 (ますだ ひろき)
武田塾豊洲校校舎長兼エリアマネージャー。IELTS・英検コーチ。東京学芸大学教育学部英語科卒業。公立高校で4年間、中高一貫の私立校で6年間英語科教員として勤務。英検1級、IELTS O.A 7.5、英単語検定1級、TOEIC965点、TOEIC S／W 350点。
X：@HirolearnIELTS

本文デザイン：株式会社ワーク・ワンダース
本文イラスト：德永明子
音声収録：英語教育協議会 (ELEC)
音声出演：Howard Colefield、Jennifer Okano

武藤 一也（むとう かずや）
東進ハイスクール・東進衛星予備校講師。「音読メーター®」開発者。
Cambridge CELTA Pass Grade A（全世界の合格者の上位約5％）。英
検1級。TOEIC990点満点。TOEIC S / W各200点満点。
著書に『イチから鍛える英語長文』シリーズ、やり直し英語の『キリト
リ式でペラっとスタディ！中学英語の総復習ドリル（ペラスタ）』（以上、
Gakken）、『【共通テスト】英語〔リスニング〕ドリル』（ナガセ）、『英
文速読マスター』シリーズ（桐原書店）など多数。
Cambridge CELTAを日本式にアレンジした授業は、多くの英語学習者
に支持され、企業研修・学校での講演も多数。これまでの常識にとらわ
れない次世代の英語講師。
公式サイト：https://mutokazu.com/
音読メーター：https://ondokumeter.jp/

森田 鉄也（もりた てつや）
武田塾English Director。武田塾豊洲校、高田馬場校、国立校、鷺沼校
オーナー。慶應義塾大学文学部英米文学専攻卒業、東京大学大学院人文
社会系研究科言語学修士課程修了。アメリカ留学中に英語教授法TEFL
を取得。CELTA取得。TOEIC990点満点（90回以上）、TOEICスピーキ
ング・ライティングテスト各200点満点、英検1級、TOEFL660点、
TEAP満点、GTEC CBT満点、ケンブリッジ英検CPE取得、日本語教育
能力検定試験合格等の実績を誇る。
主な著書に『TOEIC TEST 単語 特急 新形式対策』『TOEIC L&R TEST
パート1・2特急 難化対策ドリル』（以上、朝日新聞出版）などがある。
また、共著に『TOEIC TEST 模試特急 新形式対策』（朝日新聞出版）、
『ミニ模試トリプル10 TOEIC® L&Rテスト』（スリーエーネットワーク）、
『イチから鍛える英語リスニング 必修編』『イチから鍛える英語リスニ
ング 入門編』（以上、Gakken）など多数ある。
X：@morite2toeic
YouTube：Morite2 English Channel
　　　　　（https://www.youtube.com/morite2channel）

改訂版　直前1ヵ月で受かる　英検2級のワークブック

2024年2月16日　初版発行
2024年9月10日　3版発行

著者／武藤 一也・森田 鉄也

発行者／山下 直久

発行／株式会社KADOKAWA
〒102-8177　東京都千代田区富士見2-13-3
電話　0570-002-301（ナビダイヤル）

印刷所／株式会社加藤文明社印刷所

製本所／株式会社加藤文明社印刷所

©Kazuya Muto & Tetsuya Morita 2024　Printed in Japan
ISBN 978-4-04-606518-6　C0082